Brain for Luck

強運脳

茂木健一郎
脳科学者

かんき出版

はじめに　強運の持ち主になる方法

「強い運を引き寄せることができたらいいのに……」

この本を手に取ったあなたには、少なからずそんな願いがあるのではないでしょうか。

日々の生活の中で、何気ない行動や習慣によって幸運を引き寄せられることがあるかと思えば、逆に不運を招いてしまうこともある。

ゆえに、まわりに運がよい人がいれば「どうしてあの人はいつも運に恵まれているんだろう」と羨ましく思うことがあったり、あなたが運に見放されていると思えば「どうしていつも自分だけ運が悪いんだ」と嘆いたりしてしまう。

普段からすごく頼りにしているわけではないけど、何かと意識してしまう「運・不運」という現実。

では、運を引き寄せるにはどうすればいいのでしょうか。

「強運になる」。一見すればスピリチュアルで非科学的なものであり、脳科学者の私が扱うような対象ではないと感じる人もいるかもしれません。

私はこれまで脳科学の研究にとどまらず、この数十年さまざまな分野であらゆる仕事をしてきました。そのような意味でいえば、私は脳科学者としては極めてまれで、異端児なのかもしれません。

でも、そのおかげで思わぬ収穫もありました。それは、環境や立場、肩書きなどに関係なく、実にさまざまな人たちに出会うことができたということです。

そんな人たちの中には、いつも幸運に恵まれていたり、不思議と実力以上の成果や幸せを手にしている人たちがいます。

私はそんな彼らを見て不思議に思い、脳科学の観点から考え方や行動パターン、物事の捉え方などを分析してみました。そして、その人の能力だけでは到底成し遂げられなかった、ある「力」が存在していることに気がついたのです。

それこそが、「運を引き寄せる力」です。

「誰だって、できることなら運を引き寄せたい！」

きっと例外なく、多くの人がそう考えているはずです。

でも、不思議と運を引き寄せていつの間にか地位やお金、そして良好な人間関係により、幸せな人生を手に入れている人がいる一方で、同じように努力していてもなぜか不運な状況が続いている人がいるというのが現実です。

世の中には間違いなく、運を引き寄せられる人とそうでない人がいます。

いったい、どこで道が分かれてしまったのでしょうか。実は、運を引き寄せる力がある人たちというのは、単に運に恵まれているというだけではなく、運を強く引き寄せる行動をしているのです。そして、そのことを裏付ける研究があります。

アメリカのスタンフォード大学の心理学者ジョン・D・クランボルツ教授が提唱する「計画的偶発性理論（Planned Happenstance Theory）」というものです。

クランボルツ教授は、強い運を引き寄せて自身が望むキャリアを実現させた人たちに着目し、ビジネスパーソンとして成功した人たちのキャリアを調査したところ、本人の計画通りにキャリアアップしたのではなく、およそ8割の人が本人の予想しない偶然の運によるものだったという驚きの研究結果を発表したのです。

そこでクランボルツ教授は、「運は自分の心がけ次第で引き寄せることができるのではないか」という仮説をもとに分析したところ、キャリアアップで成功する人は運をつかむ前にある行動をとっていて、それによって自ら強い運を引き寄せていたことを突き止めたのです。その行動特性とは、次の5つです。

1　好奇心（Curiosity）
2　持続性（Persistence）
3　柔軟性（Flexibility）
4　楽観性（Optimism）
5　冒険心（Risk-Taking）

こうした行動特性は、脳科学の視点から考えても理にかなっているといえます。

なぜなら、運とはあたかも偶然に起こったように感じますが、実はこうした小さな行動の積み重ねがあったからこそ起こるものだからです。

「何とか、強い運を引き寄せられるようになりたい！」

ここまで読んで、そんな気持ちが沸き上がってきた人もいるでしょう。

さて、ここからが本題です。

平等に与えられるはずの運を引き寄せられないあなたが、極めて強い運を引き寄せられるあなたに変わる方法。それを脳科学の視点で解説するのが本書です。

運を引き寄せられる体質、つまり「強運脳」に変わる方法を紹介していきます。

私がこれまで数十年かけて、さまざまな分野で仕事をしながら出会ってきた強運の持ち主や、自分の能力以上の成果や成功を収めてきた人たちの考え方や行動パターンを最新の脳科学の知見をもとにわかりやすく紹介していきます。

その前提として断言しておきたいのが、「誰の脳にも強い運を引き寄せるスイッチが存在する」ということ。そしてそのスイッチを入れるには、今よりちょっと考え方や行動パターンを変えるだけ。誰でも簡単にできます。

その方法をできるだけわかりやすくお伝えするために「10の行動習慣」としてまとめました。いわば、強運脳になる10の行動習慣です。

この10の行動習慣から、強運を呼び込む人の考え方や行動パターンを知ってマネするだけでも、運を引き寄せられる体質に変われるはずです。

本書を読むことで、幸運の女神があなたに微笑むことを願っています。

CONTENTS

強運脳　目次

ACTION

行動習慣1

動く

CONTENTS

FAVORITE

行動習慣2 推す

CONTENTS

CHARISMA

行動習慣3 魅せる

CONTENTS

CURIOSITY

行動習慣4 惹かれる

CONTENTS

PLACE
行動習慣5 行く

TIME

行動習慣6

過ごす

CONTENTS

CONTENTS

THINK
行動習慣7 考える

CONTENTS

SENSE

行動習慣8 感じる

CONTENTS

AESTHETIC

行動習慣9 観る

CONTENTS

COMPASSION
行動習慣10
気遣う

編集協力：神原博之（K.EDIT）
本文デザイン・DTP：相原真理子

ION

ION

行動習慣 1

動く ACTION

神社やパワースポットに出かける習慣を身につける

豊臣秀吉や徳川家康といった、日本を動かしてきた天下人の多くが神社を大切にし、参拝を続けてきたといいます。また、これまで成功を収めてきた偉大な企業人の多くも、積極的に神社参りをしてきました。

松下電器産業（現パナソニックホールディングス）の創業者で、「経営の神様」と呼ばれていた松下幸之助は神様を大切にしてきたことでも有名で、本社や事業所内のあちこちに神社をつくり、現在も同社には祭祀《さいし》担当の社員がいて社内の社《やしろ》を管理しています。

日本人にとって神社は身近な存在です。商売繁昌の神様として知られる東京の神田明神にはビジネスパーソンが日々多く訪れますし、ある人たちは疲れた心を癒して運気を上げようと全国各地のパワースポットへ出かけたりもします。

なぜ、私たちは神社やパワースポットに行くのでしょうか。

「苦しいときの神頼み」といいますが、神社に参拝したり、パワースポットに行くことで、今より少しでも運気を上昇させたいと願うからでしょう。

ただし、科学的には神仏にお祈りしたからといって、あるいはパワースポット行ったからといって、何らかのパフォーマンスが上がるというエビデンスはありません。

それでも、自分ではコントロールできない、どんなに力を尽くしてもどうすることもできないことに対して、何とか神様のご加護を得ようと参拝し、手を合わせるわけです。

では、神社やパワースポットに行くことで、どのようなメリットがあるのか、運を引き寄せることができるのか、脳科学的に説明していきましょう。

脳科学の立場からいえば、神社に参拝したり、パワースポットへ行くことが意味するのは、それによって「自分の内面が変わる」ことにあると私は考えています。

神前で手を合わせ、日常の雑事から離れた空気の中で自分の心を整える。そうすることで、翌日からの仕事や日常生活に弾みがつくというわけです。

私自身も、実はよく神社やパワースポットに出かけることがあります。

それは神様に何かをお願いするのではなく、むしろ神様の前で「自分はこんなことをする」と誓う意味を込めているのです。

事を成すのは、あくまでも自分自身だからです。

目の前のことに集中し、手を動かし、智恵を絞り、一所懸命に働く。その心の準備をするために、時間やお金を使って神社やパワースポットに出かけ、そこで祈ることが心を整えるうえで有効なのです。

以前、世界遺産に登録されている熊野本宮《ほんぐう》大社に行ったとき、宮司さんからとても興味深いお話を聞いたことがあります。

世界中を飛び回っているある有名な起業家が、関西空港から直接車で熊野に向かって参拝した後すぐに東京に帰る、というようなことをされているとおっしゃっていました。

その起業家は決して神頼みに来ているのではなく、むしろ忙しい日常の中で心を整えるためのひとつの区切りとして、熊野本宮までの長い道のりをやってきたというのです。誰もが簡単にできることではない行動力です。

実はこうした行動力こそ、運を引き寄せる大きな要因となるのです。

たとえば、Aという行動をとる人は、他のBやCという行動にも積極的であるという傾向があります。つまり、どんなに忙しくても神社やパワースポットに出かける行動力のある人は、普段の仕事や日常生活でも積極的に何か新しいことにチャレンジする傾向があり、その準備をしているということです。

逆に、「神社やパワースポットなんて迷信でしょう。そんなの自分には関係ない」などと言っている人は、何に対しても積極的ではなく、むしろ消極的な行動しかできないようにも見受けられます。

行動力とは、自ら進んで実行に移せる力であり、それと同時に自分が知らないことや経験がないことに対しても、興味を抱けるということです。

運気アップ

どんなことにも好奇心を抱けるということが、運を引き寄せる原動力になる

もっと自由に行動していいんだと気づく

運を引き寄せるための行動として、とても大事なことがあります。

それは、「こうでなければならない」という考え方から自由になることです。

以前、私の友人のひとりがこんなことを言っていました。

「僕は子どもの頃にアメリカに住んでたんだけど、アメリカのエレメンタリースクールって、原則、何でも自由で、発言にも行動にも制約がないんですよ。でも、帰国して小学校に通うようになると、勝手に発言してはいけない、勝手な行動をとってはいけないと言われる。それで帰国当初は、ものすごく戸惑ったんです」

日本とアメリカでは文化が違うといわれればそれまでですが、実はここに運を引き寄せられるか、それとも逃してしまうかの分かれ道があります。

「男（女）だから、こうしなければいけない」

「大人（子ども）だから、こんなことをしてはいけない」

多くの人にはきっとこうした思い込みや常識が心のどこかにあって、自分の行動を制限してしまっているのではないでしょうか。ですが、こうした凝り固まった考え方は運を引き寄せるための行動に、ブレーキをかけてしまいます。

「もっと自由に行動していい」ということに、気づかない人が多いということです。

たとえば、私は学生と交流することも多いのですが、東大生よりも芸大生や美大生のほうが、はるかに行動において自由度が高いと感じます。もちろん、個人差も大きいのですが。

なぜなら、芸術系に進んだほとんどの学生たちは「アートでは食えないでしょ？」と周囲に反対されたにもかかわらず、そうした世間の常識にとらわれずに自分の道を選択したからです。

彼らは、偏差値やそれに伴う出身大学で人間の頭のよさがわかるという学歴重視の意識や偏った常識から離れ、自分の技術やアートに関する感性を磨きあげている。だから自然と自分の考えや行動に自信が持てて、強い意志が生まれるのです。

では、どうすれば「こうでなければならない」という縛りから解放され、自由に行動できる人になれるのでしょうか。

人間の脳には、自分の考えを外から見る「メタ認知」という働きがあります。

メタ認知は脳の前頭葉という部位の機能なのですが、思い込みや偏見を自分で修正していく力を持っています。このメタ認知によって、自分の行動やパフォーマンスの自由度を点検することを、私は強くおすすめしています。

私のことでいえば、髪型や服装に関して「こうでなければならない」という縛りから完全に自由です。そのせいで有吉弘行《ひろいき》さんに「賢いホームレス」というあだ名をつけられてしまいましたが……。

髪型は洗ったままの状態で、とかすこともヘアワックスで整えることもしていません。ちなみに、髪の毛は自分で切っています。

服装も同じで、いつもきちんとして「スーツをビシッと着なければ」などという思い込みなどいっさいありません。いつも同じようなラフな服を好んで着ています。

髪型も服装も何でもいい。自分らしさを表現していいと思えることで、何でも自由な気持ちで前向きに行動できているのです。

自分の行動に「思い込みや常識に縛られている」とか、「ちょっと不自由さを感じるな」と思うことがあるなら、それはメタ認知で自分の自由度を点検するサインだと考えてください。

ここで、「こうでなければならない」という縛りから解放されて自由に行動できる、とっておきのトレーニングを紹介しておきましょう。

それは、自分の殻を破るようなことをやってみるということです。

私はよく即興で歌をつくってはYouTubeにアップしているのですが、「茂木さん、変な歌つくってYouTubeで歌ってますよね」と言って励ましてくれる人がいます。時々お仕事でご一緒する、のんさんです。そういう人に私の歌を聴いてもらい、温かい言葉をかけてもらえるのはうれしいことです。

運気アップ

自分という殻を破って行動の自由を追い求めると、応援されることもある

脳が構えてしまう前にすぐ行動する

世の中には、何に対しても素早く行動できる人とできない人がいます。

運を引き寄せられる人が前者であるのは、いうまでもありません。

素早く行動できる、できないという差はどこから生まれてくるのでしょうか。

実は、そこには脳の働きが大きく関係しています。

すぐに行動できない人の原因を脳科学的に説明すると、意外なことに脳が正しく働いている証拠だといえます。つまり、すぐに行動できない人の脳というのは前頭葉が指令通りに機能して、抑制が利いてしまっているのです。

私は仕事柄、海外のビジネスパーソンとも話す機会が多いのですが、「なぜ、日本人の多くはすぐに決断したり、すぐに行動できないのか」と言われることがあります。この理由もまた、真面目な日本人がルールや決まり事をしっかりと守るところからきているのです。

「行動に移す前に、まずは慎重に検討しよう」

あなたのまわりでこんな言葉が交わされてはいないでしょうか。こうしたルールや決まり事が脳の抑制となり、私たちの行動にブレーキをかけているのです。真面目な日本人の脳がしっかり働いているからこそ、すぐに行動に移せない。何とも皮肉な話ですが、変化が激しい現代社会においては、時には大胆に行動しなければいけない。私が常々考えていることのひとつです。

では、いったいどうすれば、大胆かつスピーディーな行動力を手に入れることができるのでしょうか。

そのための手掛かりとして、脳の抑制に着目してみましょう。

人間の脳には、すぐに行動できる脳とできない脳が共存していて、すぐに行動できるようになるには脳の抑制を外せるかどうかにかかっています。

これを脳科学的には「脳の脱抑制」といいます。

「なかなか行動に移せない……」と悩んでいる人は、決して行動力がないわけではなく、脳の抑制の外し方が苦手なだけです。

でも、それはある意味では仕方がないこと。なぜなら、脳の抑制の外し方というのは、誰かが教えてくれるわけではないからです。

それどころか、先に述べたように一歩社会に出れば「こうしなければいけない」「こんなことをしてはいけない」といったルールや決まり事だらけで、多くの行動が制限されてしまっているのが実情でしょう。

もちろん、それはそれで悪いことばかりではないのですが、結果として自分の行動にストップをかける癖がついてしまっているのです。

けれどもその一方で、持ち前の行動力を発揮して成功しているトッププランナーたちがいます。プレッシャーをものともせずに素早く行動し、誰も成し遂げられなかったイノベーションを実現している人たちです。

私は、彼らの成功は脳の抑制を外すことができた成果だと考えています。

つまり、ちょっとした工夫次第で誰にでも脳の抑制は外すことができるということ。そこで大事なのが、あまり慎重に考えずに瞬間的にトップスピードで行動する習慣を身につけるということです。

私はこれを「瞬間トップスピード法」と呼んでいます。

たとえば私の場合、この本のように原稿を執筆しようと決めたときは、とにかくパソコンをパッと立ち上げて、準備もしないですぐにトップスピードで書き始めます。

そこには、「さぁ、原稿を書くぞ！」といったやる気や、「あれをやって、これをして」といった心の準備をするという意識はまったくありません。

どんな行動もまるで歯磨きでもするように、あれこれ考える前にパッとやってみる。完璧など求めずに、やり散らかしたっていいということです。

大事なのは、自分が何か特別なことをやっていると思わないこと。特別なことをやっていると意識することで、脳が身構えてしまうからです。

運気アップ

まずは今すぐ、何かをやってみる。運は待っているものではなくつかみに行くもの

正解がわからなくても
とにかく動く

ここ数年は特に、あらゆることのスピードが加速し、めまぐるしく社会が変化し続けています。昨日まで正解だったことが、今日は正解ではないということも決して珍しくありません。

このように先が見えない状況の中にあっては、最初の一歩がなかなか踏み出せないといって悩んでいる人も少なくないでしょう。正解がわからない時代や環境に置かれていると、新しいことに踏み出すには大きな勇気が必要になります。

そこで大切になるのが「アニマル・スピリッツ」という考え方。イギリスの経済学者ジョン・メイナード・ケインズが、１９３６年に発表した『雇用、利子および貨幣の一般理論』（岩波文庫）の中で、アニマル・スピリッツについて書いています。

アニマル・スピリッツとは、予測不能な投資を行う投資家の心理を言い表したもので、「血気」「野心的意欲」「動物的な衝動」などと訳されます。

たとえば、厳しい時代に「起業する」「新事業にチャレンジする」「事業を拡大する」などは、アニマル・スピリッツにもとづく行動の典型例といえるでしょう。

私はそれだけでなく、アニマル・スピリッツは「人間は時に勇気を持って動くことが重要なのだ」ということを説いているものだと解釈しています。

たとえ正解がない時代でも、自ら率先して動く勇気こそが他人を動かし、組織を動かし、そして社会をも動かしていく起爆剤になると思っているからです。

「正解や根拠がなくても、勇気を持って動いた者が勝ちを収める」

こんな気持ちを抱いて、前向きに行動してみてください。

そうすればきっと、運を引き寄せられるチャンスが近づくはずです。

難しいことは何も考えず、できることから始めてみるのです。

たとえば、星座占いで「今日のラッキーカラーは赤です」と言われたら、「そんなのウソでしょ」と言って聞き流すのは簡単なことです。

このようにただ否定する人よりも、その気になって赤いネクタイをして気持ちよく仕事をしたり、前向きな気持ちで1日を過ごせる人のほうが、結果的にラッキーなことが起こって、いろんな人が味方をしてくれるものです。

もちろん、ラッキーカラーやラッキーナンバーというのは、単なるゲン担ぎにすぎないかもしれません。それでも私のまわりにいる会社の社長や、起業して成功したお金持ちには、ゲン担ぎを大事にしている人が意外と多いのです。

どんなに「まとも」で「当たり前」なことを発言する人よりも、失敗しながらでも恥をかきながらでも、自分から積極的に行動する人のほうが魅力的ですし、そういう人だからこそ運を引き寄せられるのだと私は思っています。

まさにアニマル・スピリッツを持っている人といえるわけですが、実はこのアニマル・スピリッツ、本来であれば誰もが持ち合わせていたものです。

アニマル・スピリッツを持っていない人間などいないのです。誰もが持っているけれど、眠ってしまっているのだということを忘れないでください。

ずばり、アニマル・スピリッツがもっとも強く出るのは子どもです。

子どもは、何か行動するときにあれこれ考えたり、合理的な道筋など考えません。

運気アップ

「こうしたい」といったザワザワする欲求が沸き上がってきたらチャンス到来

ただただ、動きたいという一心で後先考えずに行動します。

自分はアニマル・スピリッツがない、押しに弱いしガッツもないし……と思っている人も、アニマル・スピリッツにあふれた子ども時代を過ごしたはず。

ただ大人になるにつれ、どこかでアニマル・スピリッツを眠らせてしまった。そのほうが、日本的な組織で生きるには好都合だった面もあるからです。

年功序列、同調圧力の強い組織では、空気を読んで右にならうことが求められるわけですから……。

眠っているアニマル・スピリッツを呼び覚ますには、大人げないなどと思わずに、あえてあなたの心の欲求に素直に従ってみることです。

最初は抵抗があると思いますが、動いてみると眠っていたアニマル・スピリッツの存在に気づくはずです。

面倒くさいと思っても
あえて前のめりにやってみる

以前、『エンジン01《ゼロワン》』というオープンカレッジで、アーティストの日比野克彦さん、棋士の羽生善治さん、メディアアーティストの落合陽一さんとともに「天才とは何か?」といったテーマで、トークセッションを行ったことがありました。

このセッションで印象的だったのが、羽生さんの言動です。

「天才とは?」との問いに羽生さんは、「どんなに強い棋士でも負けることがある。だから、天才という感覚が持てない世界」としたうえで、「天才とは、理解されないことをする人」と、語っていました。

私はしばらく、羽生さんのこの言葉の真意を考えていたのですが、それよりも強烈に印象に残った出来事があったので、ここで紹介したいと思います。

このトークセッションの最中、落合さんが手元のパソコンでおもしろい画像を出しては、会場の笑いをとっていたときのことです。

それらの画像を見ていた羽生さんが、「あはっ」「ははっ」と、まるで小学生みたいに前のめりになって顔を輝かせたのです。

そのとき、私はあることを確信しました。

それは「羽生善治、完全復活！」という筋書きです。そして後日、私の予感は見事に的中しました。

「天才棋士」羽生さんのキャリアは実に華々しいもの。１９８５年に15歳でプロ棋士になった羽生さんは、２０２０年度まで35年にわたって年間成績で勝ち越し続けてきました。

ところが、２０２１年度は14勝24敗で棋士人生初の負け越しを経験、名人戦につながる重要な順位戦では最高峰のＡ級から陥落。そこには棋士として史上初の国民栄誉賞を受賞した羽生さんの姿はありませんでした。

なぜ、羽生さんは勝てなくなったのか？

現代将棋の動向を見ていると、やはり現代のＡＩ（人工知能）による研究が進む新しい将棋についていけてなかったことが原因のひとつにあるようです。

これまで誰よりも多く対局し、そして誰よりも勝ってきた羽生さん。その経験は大きなアドバンテージですが、ＡＩの登場によって経験のアドバンテージを出しにくい時代になっているという見方もあります。

「その頃から自分なりに試行錯誤を繰り返し、実験的というか、いろいろなことを試したんですが、それがいい方向に向かなかった」

この言葉からもわかるように、羽生さんは必死にもがいていたのでしょう。

本来であれば、他のことにはいっさい目を向けず将棋に集中したいはず。それでも、さまざまなイベントに参加したり、面倒なことからも逃げ出すことはなかったようです。冒頭に紹介したオープンカレッジへの参加もそうでしょう。

それこそ落合さんがおもしろい画像を出していたのを見て、羽生さんが前のめりになって顔を輝かせている様子は、どんなに苦しくても人生を前向きに生きることの「大切さのお手本」のように、私の目には映ったのです。

だからこそ、「羽生さんは復活するかもしれない」と予感したのです。

運気アップ

どんなことでも前のめりにやるからこそ運を引き寄せられる

その後、羽生さんはもがき苦しんだ末に、見事V字回復を果たしました。

強豪ひしめく王将戦挑戦者決定リーグで見事な将棋で勝ち続け、ファン待望の夢の対決となった史上最年少王将である藤井聡太との対局でも、日本中を大いに沸かせました。

昭和の人気マンガ『巨人の星』で、星一徹《ほしいってつ》が息子の飛雄馬《ひゅうま》に「死ぬときはドブの中でも前のめりで死にたい」と伝える場面があります。

これは少し極端だとしても、人生はいつも前向きに、たとえ面倒くさいことであっても、あえて前のめりでやってみることの大事さを、私は羽生さんから学びました。

RITE

RITE

FAVO

行動習慣 2

推す FAVORITE

FAVO

いち早くトレンドを押さえ自分の「推し」を見つける

「推しメン」「推し活」。

最近では、ネットやテレビなどで「推し」という言葉を見ない日はないほど、若者だけでなく幅広い世代でこの言葉が使われています。

「推し」とは、いち推しのメンバーを指す「推しメン」をさらに略した言葉です。おもにアイドルグループ内でもっとも応援しているメンバー、おすすめしたいメンバーを指す言葉として以前から使われていましたが、ＡＫＢ48の人気とともに世間に広く知られるようになったとされています。

さらに現在はアニメやゲーム、歴史や食べ物など、人にすすめたいものすべてが推しの対象となっています。

推しのニュアンスは、その対象となる人やモノを独り占めしたいというよりも、他人にもその存在を知ってもらって共感を得たいという気持ちが含まれる点が特徴です。そんな「推す」という行動には、意外にも運を引き寄せるヒントが隠されているのです。


「推しが運を引き寄せる!?」


そう疑っているあなたのために、参考になることをお伝えしましょう。

まず、推し活として私がおすすめするのが、「トレンドを誰よりも早く押さえておく」ということ。今は、ツイッターでトレンドを押さえているという人も多いかもしれません。

たとえば、人気アニメの『鬼滅の刃』や『呪術廻戦』はもちろん、どんなアイドルグループが流行《はや》っているかというのはだいたい把握できていると思います。

そうしたトレンドは今の時代を表す鏡のようなものなので、自分の好きなものに関係なく押さえておくことが大事です。

ただ、これだけでは運を引き寄せることはできません。そこでポイントになるのが、誰よりも先取りしたトレンドを押さえておくということです。

これは私も実践しているのですが、ツイッターにはそれこそさまざまな情報があがっています。中には誰よりもトレンドを先取りしている人や噂レベルの情報を流している人もいます。私はそうしたいわば情報の先取り屋たちが発信する「情報リスト」というものをつくっていて、スキマ時間にチェックしています。

そうしたものの中から信憑性のある情報にアンテナを張っておき、誰よりもいち早くトレンドを押さえる活動を日々行っているのです。

現在、世界で最も注目を浴びている実業家イーロン・マスク。今となってはこの名を知らないビジネスパーソンはいないでしょう。私も彼が有名になる前から目をつけていて、よく大学の授業などで「イーロン・マスクという実業家がいてね、これから世界の注目を浴びる人物になるよ」などと推していました。

多くの人はトレンドになってからそうした情報を知るわけですが、トレンドになる前にいち早くそうした情報をつかんで推すことは、運を引き寄せることにつながるように思うのです。

なぜ、トレンドを誰よりも早く押さえることが運気アップにつながるのか？

誰よりも早く、発信される情報の中から自分の「推し」を見つけておく

株式投資で考えるとわかりやすいかもしれません。

株価の上昇や下落が始まるタイミングを「トレンドの転換」といいますが、適切なタイミングで売買を行うためにはトレンドの転換をいち早く捉えることが重要だとされています。

つまり、トレンドを誰よりも早く押さえることができれば株を底値で買い、やがて世の中のトレンドになって天井値で株を売り抜くことができるということです。

これは投資に限らず、あらゆる情報でも同じです。

トレンドを誰よりも早く押さえておくことでもたらされる運は数多くあります。

そのためにはトレンドの兆しをキャッチしておく必要があるということです。

その方法を身につけるうえで誰もが簡単にできるのが、ツイッターなどでいち早くトレンドを発信しているキーパーソンを見つけるというような訓練です。

有益な情報は何としても取りに行く

ここで、私の激アツな最新の「推し」をご紹介しましょう。

それは、海外の「ポッドキャスター」です。

ポッドキャスターとは、スマホやパソコンから視聴できる保存型の音声コンテンツ「ポッドキャスト」を配信している人物のことで、ポッドキャストではラジオを聴く感覚で気軽にさまざまなトークが聴けるのが特徴です。

ポッドキャストは、アメリカでは多くの人が通勤の車の中などで聴いて有益な情報収集に役立てたりと、絶大な人気を得ています。

これもまたトレンドの先取りになるのかもしれませんが、海外のポッドキャストはこれから話題になる可能性を大いに秘めている音声配信コンテンツといえるでしょう。

ではなぜ、私が海外のポッドキャスターを推すのか。それは、まだ日本には入ってきていない有益な情報の宝庫だといえるからです。

たとえば、「レックス・フリードマン」という人物をご存じでしょうか。

レックス・フリードマンは、ＡＩ研究やコンピューター科学に長《た》けているＭＩＴの研究者です。ポッドキャスト上のインタビューをYouTubeチャンネルでも配信していて、何とその登録者数は約２５０万人を誇ります。

そのYouTubeチャンネルには過去にイーロン・マスクも登場していて、当時はツイッターのＣＥＯの後任と噂されていました。

日本ではあまり知られていませんが、アメリカではフリードマンのようなポッドキャスターが日々有益な情報を発信して支持されているのです。

もうひとり、私が推すポッドキャスターをご紹介しましょう。

それは、「ジョー・ローガン」という人物です。

ローガンは、アメリカのコメディアン兼プロレス解説者からポッドキャスターへと転身した人物であり、今世界でもっとも人気を誇るポッドキャスターです。

その歯に衣着せぬトークが売りで、彼の番組は毎月約2億回ダウンロードされるほど、世界中のリスナーに支持されています。

「フォーブス」によれば、ローガンが2019年にポッドキャスト配信から得た広告収入は推定3000万ドル（約32億円）といわれており、これは世界的にもトップクラスの数字です。

そんなローガンに目をつけたのが、音楽ストリーミングサービス「Spotify」で、ローガンのポッドキャスト番組を独占配信するライセンス契約として同社がローガンに支払った契約金は、噂では1億ドル（120億円）以上といわれています。

現時点で、レックス・フリードマンやジョー・ローガンといったポッドキャスターは残念ながら、「日本ではそれほど知られていない超一流の人」であるというのが、私の感じているところです。

今の日本では、経済学者の成田悠輔さんや2ちゃんねる（現5ちゃんねる）の創業者であるひろゆきさんが「時代の寵児」などともてはやされていますが、世界的にみればレックス・フリードマンやジョー・ローガンといったポッドキャスターの発信力には足元にも及ばないでしょう。日本国内での人気は盤石ですが。

それこそ、数年前までは世界の叡智が結集するカンファレンスとして有名な「TED」にそうしたキーパーソンが集まっていた印象がありますが、今やTEDよりもポッドキャストのほうが有益な情報を提供するコンテンツになっているのです。

私はこうしたポッドキャスターの推し活をすることで、そのコンテンツを楽しむとともに、まだ日本では知られていない推しが日本でもメジャーになっていくことを楽しみながら、自分も一緒に成功に向けて旅をしているような気持ちになれるのです。

日本ではまだ知名度が低い超一流の人たちの情報をいち早く入手し、その推し活をする。私にとって推し活は、運気を呼び込むための訓練のようなものです。

誰もが知り得る情報を集めるのは容易《たやす》いですが、たとえ苦労してでもまだ誰も知り得ない自分の推しを見つけることは、運を引き寄せるうえで役立つと私は考えています。

運気アップ

推しがメジャーになるのを楽しみながら自分も一緒に旅をする

「自分推し」という
プロジェクトのマネジメントをする

まわりを見てみると、「推し活」をしている人はすぐに見つかると思います。

私が知っているだけでも、ジャニーズや宝塚、韓国のアイドルグループ、中にはまだあまり知られていない下積みの若い力士の推しをやっているという人もいます。

彼らの推し活を見ていると、「推しというのはある種のプロジェクト・マネジメントだな」と感じることがあります。

いくら推しメンとはいえ、他人のことをあれほど真剣に思えて、時間も割いて行動できる。しかも、その推しメンがどうすればもっと売れるのか、さらにはもっと有名になって活躍できるようになってほしいとつねに考えているのです。

その好例としてあげられるのが、今世界中の女子のハートをつかんで離さないＢＴＳ（防弾少年団）です。ＢＴＳは２０１３年のデビューで新人賞こそ獲得しましたが、その後は思うように売れず、業界関係者からは「すぐに消えるアイドル」と言われて苦悩する時期が続きました。

ところが、多くの予想に反して着実に人気が高まり、２０１５年に発表した楽曲やアルバムが韓国内で大ヒットを記録、そこからブレイクの階段を駆けあがりました。その人気は衰えることなく、アジアから欧米へ拡大。今では全世界に向けてＫ－ＰＯＰアーティストとしてパフォーマンスを披露しています。そんなＢＴＳの活躍を陰で支えていたのが「ＡＲＭＹ《アーミー》」でした。

アーティストにとって、応援してくれるファンが大切なのは当然のことですが、他のアーティストとファンの関係と、ＢＴＳとＡＲＭＹの関係は少し違います。

ＢＴＳは、ＡＲＭＹとの積極的なコミュニケーションを強みと考え、ＳＮＳを積極的に活用しながら毎日のようにツイッターでファンたちとコミュニケーションをとっていきます。

ＢＴＳの運営側もそうしたＡＲＭＹのようなファンたちの「声」を参考に売ってい

く戦略を練るという、いわば集合知のような状況をつくり出したのです。

その活動はやがて世界へと広がり、グローバルなネットワークとコミュニティが形成されるベースになったといいます。国境を越えて世界中のファンとのコミュニケーションが可能となり、またファン同士の団結も強固になっていったのです。

数々の授賞式で受賞の感想を求められたとき、彼らはいつも「ARMYのおかげ」という言葉を欠かしません。それほどBTSにとってARMYは特別な存在となったのです。

このように、自分の人生を棚上げにしてまで推しを育てていこうというエネルギーには凄まじいものがあります。

エネルギーをかけたぶん、推し活をしている彼ら（彼女ら）は、推しの対象から大きな幸せをもらっているのはたしかでしょう。

私たちの脳は、好きなものや夢中になれることがあると神経伝達物質「ドーパミン」があふれ出し、生活に彩りが生まれてさらに充実した日々につながります。

実際に、推しの存在によって、仕事や勉強へのエネルギーが湧いてくるということはよく聞く話です。

ただ、ここでちょっと発想を転換してみてほしいのです。

推し活をしている人は、「自分のこともそれぐらいのエネルギーを持って推してあげればいい」、というのが私からの提案です。

推しメンを推しているのと同じ感覚で、「自分を推すにはどうすればいいのか?」というプロジェクトを考えてみてはいかがでしょうか。

たとえば、推しにお金をかけているように、自分の成長にお金を出していろいろなことにチャレンジしてみる。推しに会いにいく時間をつくるように、自分のためになる時間をつくってみる。あるいは、同じ興味を持つ仲間と積極的にコミュニケーションをとってみることも、自分推しにつながると思います。

運気アップ

推し活に使っているエネルギーのほんの一部を、自分推しのエネルギーに変換してみる

自分のやっていることを別の視点から客観視してみる

先日、私が長らくナビゲーターを務めていたＮＨＫの『プロフェッショナル 仕事の流儀』の番組スタッフと話をする機会がありました。

『プロフェッショナル 仕事の流儀』とは、超一流のプロフェッショナルに密着し、その仕事を徹底的に掘り下げるドキュメンタリー番組なのですが、最近の視聴率にある変化が見られるようです。

そのスタッフが言っていたのが、「最近は、誰もが知る超一流のスターを扱う回よりも、普段あまりスポットライトが当たらない仕事をしているプロフェッショナルを扱った回のほうが意外と視聴率を取れるんですよ」ということでした。

少し意外な話でしたが、よくよく考えてみると「自分が当たり前と思ってやっている仕事」にしても、「具体的にどういうことをやっているのかということを明らかにする」ことで、他人からの思わぬ推しが生まれるということがあるのでしょう。

実は、私にもそのような経験があります。『脳を活かす勉強法』（ＰＨＰ研究所）という本が誕生したときのエピソードです。

私は学生時代、学年でダントツに勉強ができました。それこそ、受験で苦労したことなど一度もありません。

たとえば、誰もが苦労する「暗記」があります。でも、私にはとっておきの暗記法があったのです。

それは、「鶴の恩返し勉強法」というものです。

「決して私が機《はた》を織っているところを見ないでください」と姿を隠し、自分を助けてくれた老爺のために、鶴の姿になって機織りをするあれです。あの鶴のように部屋にこもって集中して勉強するのです。

その勉強法とは、声に出しながら、ひたすら書いて覚えます。さらに一度覚えたテキストから目を離し、思い出しながらまた声に出して書き出していく。目で読みながら、声に出しながら、手で書きながら、まさに五感を使って暗記していくのです。

なりふり構わないこの勉強法は、とてもではありませんが恥ずかしくて人には見せられません。なので、そんな様子が鶴の恩返しに似ていることから、「鶴の恩返し勉強法」と名づけました。

後々わかったことですが、この勉強法は脳科学的にも理にかなっていました。

記憶には「短期記憶」と「長期記憶」があり、短期と長期いずれの記憶も最終的に脳の大脳皮質にある側頭葉の側頭連合野に蓄えられます。

暗記ができるようになる秘訣は、いかに覚えたことを長期記憶にできるかどうかですが、私はこの勉強法で覚えたことをうまく長期記憶に移行することができていたのです。

たとえば英単語を覚えるとき、ただ目だけで単語を見て覚えていくのは難しい。でも、五感を使って勉強すると、うんと覚えやすくなります。

そのメカニズムをお伝えしましょう。

私たちが覚えたことは「海馬」という脳の部位に保存されますが、海馬は短期記憶を長期記憶に移行すべきか否かの判断を行っています。

運気アップ

自分では当たり前と思っていることでも客観視してみる

そのため鶴の恩返し勉強法では目で読みながら、声に出しながら、手で書きながら勉強することで、視覚に加えて聴覚や触覚への刺激が直接脳へ伝わり、記憶を司る部位である海馬が刺激されて記憶が定着しやすくなるというわけです。

最終的に、何度も反復して海馬にアクセスされた記憶は「重要である」と脳が判断し、側頭連合野に送られて長期記憶として保存されるのです。

この勉強法、私にとってはごく当たり前の方法だったわけですが、あるときこの話を知り合いの編集者にしたところ、「茂木さん！　それおもしろいですよ！　ぜひ本にしましょう」ということになったのです。

私としては「こんな当たり前のことが本になるのかな……」と半信半疑でしたが、ふたを開けてみたらその本は50万部を超えるベストセラーとなりました。

自分をさらけ出せば味方ができて推してくれる

私が好きな言葉に、「お天道さまは見ている」というものがあります。

この、お天道さまは見ているとは、何も特定の宗教や信仰などに関係しているのではありません。社会で起こっていることや、自分の心の中で起こっていることということのは、「たいていの人はそのすべてを理解している」という意味合いです。

もっと、わかりやすく説明しましょう。

たとえば、ある著名人がいたとします。その人が人気を得るにいたった理由や、どのような経緯でその人が今の地位を確立したのか、その人の強さや弱さは何なのかといったことは、(今の情報社会においては特に)その人を深く観察しているような賢い人にはすべて見えているということ。それを私は、「お天道さまは見ている」という言葉で表現しているのです。

昭和期の代表的な文芸評論家である小林秀雄が生前、ある講演で「子どもというのは、ある年頃になると自分の親がどんな人間なのか、あるいはまわりの大人たちがどんな人間なのかがある程度わかってくる」ということを言っていたのですが、これもお天道さまは見ているということと本質では同じような気がします。

私がここで言いたいのは、自分の人生をお天道さまに照らされても恥じることなく、たとえ弱くても自分を取り繕うことなく、堂々とお天道さまの下を歩けるような生き方をするほうが、長い目で見れば運を引き寄せられるということです。

「なんか、人生がうまくいかないな」

そんな悩みを抱えている人もいるかもしれません。

ですが長い目で見れば、誰にとっても運は巡ってくるものだと感じています。

たとえば、2022年の年間ベストセラー総合1位『80歳の壁』(幻冬舎新書)の著者、和田秀樹さん。古くからお付き合いをしているですが、同年代の彼がかつての活躍を経て、また新たなムーブメントを起こせたことを私はとても喜んでいます。

和田さんのまわりにいる人は、和田さんの強みや弱みをすべてわかったうえで支えてきました。和田さんはそのことを知っているからこそ、年間ベストセラーが出せたのではないかという気がしてならないのです。

和田さんの強みといえば、何といっても灘中、灘高、東大理Ⅲ、東大医学部という、学歴としての最強カードを持っていることでしょう。

彼は、その経歴を生かしてこれまで受験の指導や受験のハウツー本を出してヒットしましたが、その後しばらくはヒットに恵まれなかったこともありました。

そんな状況でも和田さんは、持ち前の粘り強さと謙虚さで精神科医としての仕事を全うしつつ、自分の強みと弱みを自覚しながらもたくさんの本を出す中で、超高齢社会という問題に着目した。そして生まれたのが『80歳の壁』です。

この大きな成果は、和田さんが強みと弱みを周囲に隠さず、周囲の人たちに支えられてきた賜《たまもの》だと思います。

著名かどうかにかかわらず、誰しも自分の弱みを見せたくないという気持ちや、弱い自分をごまかしたりすることも多いわけですが、どんなに自分をごまかしてもお天道さまはしっかり見ている。そうした弱い自分でさえも周囲にさらけ出す勇気が共感を呼び、いずれあなたの推しが現れて、運を引き寄せる手助けをしてくれる。

ありのままの自分をさらけ出す。これは意外に難しいことなのかもしれません。

運気アップ

自分に正直に生きると、人によってはノーベル賞という強運にたどり着ける

私が好きな物理学者のひとりに、リチャード・P・ファインマンという人がいます。ファインマンは1965年に、日本の朝永振一郎、ジュリアン・S・シュウィンガーとともにノーベル物理学賞を受賞した物理学者です。

そんなファインマンの奇想天外な人生や科学への情熱に満ちた自伝『ご冗談でしょう、ファインマンさん』（岩波現代文庫）の中で、自分のことを「小物」だと綴っています。ノーベル賞を受賞したのに自分を小物扱いするなんて驚きです。

でもファインマンは、自分は大成功を収めたビジネスマンや世界的なエンターテイナーに比べれば小物の物理学者だと冷静に自分を見つめ、弱い自分を堂々とさらけ出しているわけです。

ISMA

ISMA

CHAR

行動習慣3

魅せる CHARISMA

CHAR

24時間、365日フローな状態の自分でいる

私は各界で活躍している成功者たちに、普段からいろいろな話をうかがう機会に恵まれています。

ビジネスの世界で成功を収めて一目置かれている人から、結果を出し続けているプロのトップアスリートにいたるまで多岐にわたります。

彼らは、世間では俗に「カリスマ」と呼ばれています。

どんなに成功した人や一流のトップアスリートであっても、つねに大きな結果を出せるわけでも、いきなり世界で通用するようになったわけでもありません。

彼らもまた、時には失敗したり、危機に直面したり、自分を見失って落ち込むこと

だってあります。それでも、どんなときでも日々の目標や夢に向かってひたむきに努力し続けている。そのときにどのような考え方をすべきか、どのように行動すれば成功に近づけるかを、はっきりと自覚しているのでしょう。

そんな彼らをこれまで見てきて、感じていることがあります。

「カリスマ性のある人は、運を引き寄せられるんだな」ということです。

カリスマ性がある人といえば、尖ったイメージや威圧感を覚えると思われるかもしれません。ですが、実は優しくおっとりしていて人情味にあふれ、まわりの人への気遣いができる人も、多いのです。

想像してみてください。

世の中に変革をもたらすようなカリスマ性があるのに、いつも穏やかで人情味にあふれている。そんな人がいたら誰でも近寄りたくなります。

つまりそのような人には、人もお金も、そしてアイデアも成功もどんどん集まってくるというわけです。

そんなカリスマ性がある人をあげるとしたら、まず思い浮かぶのが作詞家で音楽プロデューサーの秋元康さんでしょう。

美空ひばりさんの『川の流れのように』の作詞をはじめ、近年ではＡＫＢ48などをプロデュースし、数多くのヒット曲を生みだしてきた音楽界のまさにカリスマ的存在です。

秋元さんとは、これまで何度もお会いしてお話ししたことがあるのですが、いつも穏やかでリラックスしているのがとても印象的です。

「あんなに忙しいのに、なんでいつもリラックスしているんだろう」

私はいつも不思議でなりませんでした。

そこで、秋元さんの行動や垣間見た日常について脳科学的に分析したところ、ある興味深い結論にいたりました。

それは、「24時間、３６５日フローな生き方をしている」ということでした。

秋元さんのようにつねに新しい詞を生みだしたり、アイドルを発掘していくにはやはり目の前の仕事にどれだけ集中できるかがカギになってきます。そのカギを握るのがまさに「フロー」でいることなのです。

フローとは、ハンガリー出身でアメリカの心理学者ミハイ・チクセントミハイが提唱している概念で、脳がとてもリラックスしている状態にもかかわらず、最高のパフォーマンスが発揮できている状態のことをいいます。

つまり、本当の意味で集中したフロー状態というのは、ただがむしゃらにやるということとはまったく違うのです。

特に、秋元さんのようなカリスマと呼ばれる人たちは、時が経つのを忘れるほど自分がやっていることが楽しい、あるいは自分の得意なことをリラックスした状態でやっている。そういうときこそ、最高のパフォーマンスが発揮されるのでしょう。

秋元さんがいつもリラックスしているのは、能動的に何かをしながらフローに入っているからに他なりません。

秋元さんのようにフロー状態で毎日を過ごしていれば、仕事でも何でも質の高いパフォーマンスを発揮することができ、周囲に認められる生き方ができるようになります。

運気アップ

つねにフローでいることを意識すると、運が自分に向いてくる

やっている自体を自分の報酬に変換する

「自分にはカリスマ性もなければ、人を惹きつける魅力もない……」

そんなふうに考えている人もいるかもしれません。

でも、私はどんな人間でも何かしらのカリスマ性を持っていると考えています。

そこで、カリスマ性を見出すカギとなるフローについて、もう少しだけ触れておきましょう。チクセントミハイがフロー理論の研究を始めるきっかけになった最初の体験が非常に興味深いので、ここで紹介したいと思います。

彼は第二次世界大戦のとき、東ヨーロッパで活動していたのですが、現地の情勢といえばそれはひどいものでした。

ところが、そんな状況にもかかわらずチクセントミハイはある不思議なことに気づきました。それは、どんなにひどい状況であってもそこで暮らす人たちの中には、実に楽しそうに、穏やかで幸せそうに生きていた人がいたのです。

その中のひとりに、チクセントミハイの友人の画家がいました。

その画家は、自分の描いた絵が売れるかどうか、評価されるかどうかもわからないのに、絵を描いているときがすごく幸せそうに見えたというのです。

その様子を見たことがきっかけとなり、チクセントミハイはフロー理論を提唱するもととなった「ポジティブ心理学」の研究を突き詰めていくことになりました。

ここで何が言いたいのかといえば、どんなに苦しい状況の中でもフローに入れる人の多くは幸福感にあふれているということです。

これを、今のあなたの状況にあてはめてみてください。

最初はつまらないな、自分らしくないなと思っていたことでも、集中して取り組んでいるとドーパミンやβエンドルフィンといった脳内物質が分泌されて、ある種、陶酔した状態になっていきます。

ここで重要なのは、質の高いパフォーマンスを発揮する状態と幸せを感じる状態を一致させるということ。そのためには、どんなことでも受け身ではなく能動的に取り組むという意識を持つことです。

では、普段やっている仕事で幸せを感じるにはどんな方法があるのか？

秘訣は、やっていること自体を自分の報酬に変換するということに尽きます。

普通であれば、「仕事はつらい」と考えてしまいがちではないでしょうか。

仕事なんて生活のために我慢してやっている、あるいは昇進するためならどんなことにも耐えるという気持ちで取り組んでいたりする。

しかし、チクセントミハイのフロー理論によると、もっとも高いパフォーマンスを発揮しているときは、取り組んでいること自体が最高の報酬になっているということがわかります。そのことを確信したある出来事があったので、ご紹介しましょう。

先日、クラシック音楽界で世界的に高い評価を受けているピアニストのひとりであるマルタ・アルゲリッチのコンサートに行ったときのことです。

アルゲリッチはアルゼンチンのブエノスアイレス出身のピアニストで、「今世紀最高のピアニスト」とも称される音楽界のカリスマです。

アルゲリッチのようなピアニストであれば、本番前は控室にこもって鬼の形相で集中しているのだろうと私は勝手に想像していたのですが、本番で登場したときの表情はすごくリラックスしていて、演奏中も終始にこやかに華麗な演奏で聴衆を魅了しました。

コンサートが終わって私が食事をしていると、偶然にもアルゲリッチが共演者やスタッフを連れてやってきたのです。そしてリラックスして食事をしているときの表情が、舞台でピアノを弾いているときとまったく同じだったのに驚かされました。

つまり、アルゲリッチにとってもピアノを弾いていること自体がフロー体験となっていて、それ自体が楽しいため、普段どんなに過酷な血のにじむような練習でも頑張れるのではないでしょうか。

仕事が苦痛ではなく、むしろ楽しみや喜びへと変わって結果が出せるようになると、自然と運が巡ってくるようになるのです。

運気アップ

どんなことでも楽しみながらやると、いい気分に満たされて運が舞い込む

自分に対する評価は厳しいくらいがちょうどいい

運を引き寄せるための重要なモデルがあります。

これは、脳科学の世界でもっとも重要な脳の強化学習モデルともいわれています。それは、「アクター・クリティックモデル」というものです。

アクターには「行為者」という意味があり、クリティックには「批判者」という意味があります。つまり、自分の中に「行為者」と「批判者」という、2つの役割を持って思考や行動をするということです。

私でいえば、脳科学を研究する、あるいは本の原稿を執筆するといった行為者としての茂木健一郎が存在しています。そしてその行為に対して、冷静に自分を批判する茂木健一郎がいるということになります。正確にいえば、批判というよりも評価するといったほうが正しいかもしれません。

では、なぜこのアクター・クリティックモデルが運を引き寄せるのか？

それは、自分の思考や行動に対して、しっかりと「ダメ出し」ができるようになることで個の成長、つまり自分が成長することを促せるからです。

たとえば、アスリートの世界を見渡すとわかりやすいかもしれません。

私たち人間の脳というのは、どうしても自分に甘い評価を下してしまいがちですが、自分にダメ出しができる人こそが、結局のところ成功を手にすることが多いからです。

カリスマ的アスリートとして、私が真っ先に思いつくのがサッカー元日本代表の本田圭佑選手でしょう。

本田選手の試合後やメディアでのコメントを聞いていると、「自分はまだまだです」といったような反省や課題を口にすることが多いことにお気づきでしょうか。

また、本田選手が以前コメントしていて印象的だったものに、「現実を受け入れることに慣れすぎてしまうと止まってしまう。それは怖いことでもある。これで満足したら終わりなんで」というものがありました。

これは、自分に対してダメ出しするということでもあります。そうした自分に向ける批評は、ある意味で自分を否定するので勇気のいること。ですが、それは現状維持で満足することなく、さらなる成長や躍進のきっかけになるものです。

自分の評価は厳しいくらいがちょうどいい――。

これは私の持論です。自分に対して少し厳しいくらいが評価としてちょうどよく、それを積み重ねることが、成功への階段を上るバネになっていくからです。

このことはアスリートの世界だけにいえることではなく、さまざまな分野でも同様だと思います。

２０１２年にノーベル生理学・医学賞を受賞した山中伸弥教授がまさにそうでした。山中教授は皮膚などに分化した細胞にある遺伝子を組み込むことであらゆる生体組織に成長できる万能な細胞、いわゆるｉＰＳ細胞の作製に成功したわけですが、お会いすると「いやあ、ほんとに運がよかっただけです」と実に謙虚な姿勢がとても印象的でした。

私たちの脳というのは、自分にダメ出しをすることを極度に恐れてしまう特性があります。

特に、子どもの頃から親や周囲の人たちに認めてもらえず「おまえはダメだ」「おまえは何もできない」といわれて育ってきた人ほど、自信がないためついつい自分を大きく見せたり、甘やかしてしまったり、あるいは他人からの批判に耳を傾けることができなくなったりします。

何よりも大切なことは、自分がどのように感じて、何を思っているかということを自分自身で把握すること。そう、先に述べた「メタ認知」です。このメタ認知で自分自身の観測、つまりモニタリングをするわけです。

それができるようになれば、自分への評価も厳しくなり、不確実性に適応することができるようになるのです。

運気アップ
自分の思考や行動に対して、しっかりと「ダメ出し」をする

メタ認知によって自分を魅せる方法を知る

カリスマ性がある人というのは、自分を魅せることに長けています。

以前、カリスマと呼ばれているあるモデルさんに聞いた話です。

自分が写真を撮られているときに「被写体として自分はこう映っている」という自己イメージと、実際に撮られた写真とのギャップが極めて少ないのが一流の証《あかし》、だとおっしゃっていました。

そのモデルさんは日々自己イメージを自然体で持っていて、自分が一番美しく撮ってもらえる角度やポーズ、表情のつくり方などを、すべて計算に入れて撮影に臨んでいるのだそうです。

ここで伝えたいのは、何もみなさんがそのような技《わざ》を身につける必要があるということではありません。

日頃から自分の魅せ方をシミュレーションして、他人から見た自分をイメージすること。それによって「セルフ・ブランディング」、文字通り自分をブランド化して運を引き寄せようというわけです。

セルフ・ブランディングによって、あなたの価値が最大限発揮されるようになる。それが結果としてあなたの評判を高めることにつながり、思いもよらない幸運が舞い込むことがあるのです。

そんなセルフ・ブランディングが上手だなと思うのが、フィギュアスケートの羽生結弦選手です。

羽生選手といえば「日本フィギュア界の王子様」として絶大な人気を誇るカリスマであり、ソチ五輪での金メダル獲得や、ＧＰファイナルで史上最高得点をマークするなどの活躍は記憶に新しいところです。

羽生選手が優れたアスリートであることは疑いようのない事実ですが、北京五輪を振り返って私が思うのは、羽生選手は優れたアスリートであると同時に、あるいはそれ以上に優れた芸術家、アーティストであるということでした。

メダルなしに終わった北京五輪の羽生選手の演技を見て心に残ったのは、他を圧倒する芸術性でした。その芸術性を追求する気迫は、金メダルを獲得したネイサン・チェン選手よりも、むしろ上回っていたのではないでしょうか。

芸術家としての羽生選手の演技から与えられる感動は、まさに他人から見た自分をイメージすることによるセルフ・ブランディングの基本ともいえるものです。

たとえばあなたがビジネスパーソンなら、「取引先が自分のことをどう見ているか？」ということを把握するために自己シミュレーションするのは、極めて重要ではないでしょうか。

むしろ、日頃からそういったトレーニングを実践しておく必要があるでしょう。

たとえビジネスで成功したとしても、自己シミュレーションによるセルフ・ブランディングをしていないと、スポットライトを浴びた瞬間に舞い上がって自分を見失い、評価を下げてしまうことだってあるからです。

特に昨今は、ＳＮＳでどんな人でも「丸裸」にされる時代です。

誰だって、自分の魅せ方には気を遣う必要があると思うのです。

なお、自分を魅せる際に大切なのは、他人の反応の中にある自分を映す鏡をしっかり見つめることです。

よく「空気を読む」という言い方をすることがあります。

ここでいわれている「空気」というのは、すなわち相手の反応のことです。

「日本人は空気を読み過ぎる」

時に、このようなことがいわれることがあります。

ただし、成功して輝いているカリスマというのは、実はしっかりと空気を読んでいて、そのうえであえて個性を出しているということを覚えておいてください。

脳科学的にいえば、他人という鏡を使ったメタ認知によって、自分がどのように映っているかということをしっかりと理解したうえで、言動に移していくということです。

運気アップ

日頃から自分の魅せ方をシミュレーションして、他人から見た自分をイメージする

前頭葉の統合性を鍛え マインドフルネスになる

私の知り合いには、時代の先を行くオピニオンリーダーが多くいます。

ひろゆきさん、堀江貴文さん、西野亮廣《あきひろ》さんなどがカリスマ的な人気を誇る人たちで、それぞれユニークで素晴らしい才能を持っています。

そんなカリスマ性がある人の脳を調べた研究があり、カリスマ性がある人は、前頭葉における活動の「統合性」が高いことがわかっています。

前頭葉は、「思考」「判断」「意思決定」「情動のコントロール」「コミュニケーション」などを司る部分であり、人間にとって重要な働きを担っているため「脳の司令塔」とも呼ばれています。

前頭葉の活動の統合性が高い人は、良好な人間関係が築けたり、目先の損得勘定にとらわれずに長期的なスパンで物事を判断できるため、結果として社会的、あるいは経済的な地位が高まる傾向にあります。

では、どのようにして前頭葉の統合性を高めていけばいいのか？

私がもっとも提唱したいのが、「マインドフルネス」です。近年は創造性との関連が注目されており、グーグルなどのＩＴ企業もプログラムとして採用しています。

マインドフルネスについてグーグルが使っているメタファーとは、「サーチ・インサイド・ユアセルフ（自分自身の中を検索する）」ということ。グーグルの検索エンジンはネット上の情報は検索できますが、自分の中にあるものは自分自身で見つめて気づくしかない。つまり、自分の中に膨大な宝の倉庫があるので、それを採掘することによって運を引き寄せようという考え方なのです。

マインドフルネスはすっかり定着したようにも思える言葉ですが、おさらいするとその根本にあるのは、過去の経験や先入観といったものにとらわれることなく、身体の五感に意識を集中させ、「今、この瞬間」に意識を向けることです。

さらにいうと、マインドフルネスはもともと禅の伝統から生まれたもので、「今、ここで起こっていることをそのまま受け止める」という意味を持っています。

自分自身のことや周囲のこと、何を感じているか、何が見えているか、何が聞こえているか、そのすべてをありのままに受け止める。それがマインドフルネスの基本的な考え方であり、前頭葉を鍛える方法の中でも特に大事なポイントになるのです。

では、具体的にどのようなことをすればいいのか？

マインドフルネスと聞くと「瞑想」や「ヨガ」を想像する人も少なくないようですが、それだけではありません。また、瞑想やヨガをしたからといって、必ずしもマインドフルネスが身につくわけでもありません。重要なのは日常生活の中における意識や心構えであり、日々の具体的なことを実践するのが大事なのです。

そこで私がおすすめするのが、α波を出すといわれている音楽を聴くことです。

α波とは、リラックス状態や安静時に出る脳波で、これまでの研究でα波はリラックス効果だけではなく、集中力を高めたり自律神経を整えたりする効果があることがわかってきています。

一般的にα波が出やすいといわれている音楽にクラシック音楽があります。

たとえば、クラシックの中でもモーツァルトの曲はいずれもα波が出やすい音楽として知られていますし、グレゴリオ聖歌（7世紀初めに編纂されたキリスト教の礼拝音楽）もα波が出やすい曲とされています。

私はクラシック音楽が好きでよくコンサートに行きます。会場では1曲何十分というシンフォニーをずっと座って聴くのが心地よいのですが、最近はそういう長い音楽をずっと聴いていられない人が多いという話をよく耳にします。やはり、流行りの「TikTok」といった細切れの音楽にしか触れていないからでしょう。

今は、何でも一方的に「良い」「悪い」と決めつけやすい時代です。

だからこそ、日頃から好きなことに没頭し、マインドフルネスを実践することで自分を磨き、多方面に注意を向けられるようになると、カリスマ的な人に近づいて運を引き寄せられるようになると思うのです。

運気アップ

自分の中にあるものは、自分自身で見つめて気づくしかない

SITY

SITY

CURI

行動習慣 4

惹かれる CURIOSITY

CURI

予想していないものを受け入れる姿勢をつくる

自分が自分らしく生きるために必要となる「運」あるいは「強運」は、実はつねに自分のまわりにたくさん用意されていると私は思っています。

ただし、そのことに注意を向けなければ、「運」も「強運」も存在していないも同然です。そこで重要なのが好奇心です。

これまで自分が知り得なかったことに、興味を持って注意を向けることで、やがてあなたのもとに「運」または「強運」が流れ込むということです。

反対にあらゆることに無関心でいたり、流されて生きているようでは、強運はおろか小さな運すら引き寄せることはできません。気になることもない、知りたいこともないという人は、強運体質からは遠ざかっている可能性があるのです。

たとえ自分にとって必要とは思えない情報をもらったときでも、単にスルーするのではなく、一瞬でもそうした情報に注意を向けること。そこに何か惹かれるものがあるなら、次々とそれに関する情報があなたのもとに入ってくるものです。

「最近、好奇心を持てるものがなくなってきているな」と感じるようなら、あえて興味のないことにも目を向けることを習慣にしてはいかがでしょうか。

人間の脳というのは、普段から興味のないことには無意識のうちに目を向けない傾向にあります。脳の自動処理によるものです。

そうした脳の自動処理に反して、興味がなかったことやそれまで知らなかった新しいことに目を向けると、運を引き寄せられることにつながります。

私の人生を振り返ると、まさにそうでした。少し古い話ではあるのですが、ご紹介したいと思います。

それは、私が就活をしていたときのことです。

東京大学の理学部物理学科を出てから法学部に学士入学し、大学院で再び理学部の博士課程で生物物理学の研究をしていた頃、博士課程の修了後に就職をどうするかを考えていました。

私が尊敬している先生がＩＢＭのニューヨークの研究所にいたので「そこで働きたい」と手紙を書いたのですが、「いやあ、私にはちょっとそういう力はないんだよね。力になれなくて申し訳ない」と断られ、他にもいろいろなところにアプローチしたのですが全滅で、３月になっても就職先が決まっていませんでした。

それまでずっとアカデミズムの世界にいた私の頭の中に、研究所以外の民間企業に就職するという選択肢がなかったのも、決まらなかった要因のひとつです。

それでも当時は履歴書に穴を開けるというのはよくないと言われていた時代だったので、「しょうがない。４月から研究生になるしかないな」と考えていた矢先、突然、指導教授から、「理化学研究所で脳の研究チームが立ち上がったから行かないか」と声をかけられたのです。

それまで取り組んでいたこととまったくかけ離れた脳の研究。そのときに「えっ？　脳ですか？　興味ありません」と言ってその誘いを断っていたら、今の私は当然ながら存在していなかったでしょう。

「脳の研究ですか、やってみます！」

これが、私の出した結論だったのです。

後から考えてみると、私が下した人生の重要な選択というのは計画通りというわけではなく、横からポンと予想もしていないものを受け入れてきたことの連続でした。

脳の研究もそうですし、イギリスのケンブリッジ大学に留学したときに、のちに私の恩師となるホラス・バーロー教授と出会ったことも「たまたま」だったのです。

さらに、今もお世話になっているソニーコンピュータサイエンス研究所も、今は所長になっている北野宏明さんが私の『脳とクオリア』（講談社学術文庫）という本を読んで会いに来てくださったのがきっかけでした。

このように、それまでまったく興味がなかったことを受け入れてきたことで、私は実に多くの運を引き寄せてきたといっても過言ではないのです。

運気アップ

「たまたま」を受け入れて「運がよかった」が積み重なると、驚くほどの強運になる

パッと世界が広がったら迷わず自分に取り入れる

「自分らしく生きる」

ここ数年、この言葉は理想的な生き方のキーワードのようになっています。

たしかに、自分らしく生きられているというのはとても喜ばしいこと。ですが「らしさ」にこだわりすぎると、時に運を逃してしまう可能性があるので注意が必要です。

これがどういうことか、わかりますか？

「自分はこういう人間なんだ」と自分らしさに固執しすぎると、それ自体があなたを縛る足かせになってしまい、あなた自身の中に新たな世界を広げることができなくなってしまうからです。

たとえば、仕事で新しい業務を任されたとしましょう。

そのときに、まだやったこともないのに「この仕事は自分には向いていない」と辞退してしまう。やってみれば案外向いていて、新たな自分を発見できるかもしれないのに……。

もちろん、嫌なことをムリにやる必要はない場合もありますが、自分が知らないことや経験したことがないことを「向いていない」という理由でばっさり切り捨てるのは、自分で自分の可能性を閉ざすことにもなってしまいます。

まだ見ぬ自分、表に出てきてない自分の可能性を否定せず、いろいろなことに興味を持って取り組んでみてください。それであなたの世界が広がったら、それを自分に取り入れてみるのです。

自分らしさばかりに、こだわっていてはいけません。

これからの時代は、「自分らしさ」だけでなく、男らしさ、女らしさ、子どもらしさ、大人らしさなど、ありとあらゆる「らしさ」が取り除かれていく時代になると私は考えています。

私たちが無意識のうちにまとっている「らしさ」を捨て、新しいものや変化を歓迎していく生き方を目指すことで、運を引き寄せられるのです。

ロジャー・ペンローズ。

科学の世界では知らない人はいない、イギリスの数理物理学者です。

２０２０年にノーベル物理学賞を受賞したことでも知られていますが、私は以前、ペンローズが研究をしているオックスフォード大学に取材に行ったことがあります。

そのとき、ペンローズはホーキングの宇宙論をテーマにした『ホーキング、宇宙を語る（A Brief History of Time）』という映画に出演したときのエピソードを語ってくれました。

ハリウッドから来た製作スタッフが、ペンローズに「どのようなときに時間は逆流するのですか?」と聞いたとき、ペンローズは自らの信念に従って「どんな状況下でも、時間が逆に流れることはないと思います」と答えたそうです。

すると、「カット!」という声が響き渡り、スタッフは慌てて「それじゃあ困るんですよ。とにかく、どんな極端な仮説でもいいので時間が逆に流れる話を考えてください」と指示され、再びフィルムが回り始めるとペンローズは複雑怪奇なことを言うはめになってしまいました。

ペンローズは当時のことを思い出して、笑いをこらえながら楽しそうに話してくれました。

私が驚いたのは、ノーベル賞を受賞するような学者であれば「学者らしさ」を全身にまとい、「学者の私にそんなこと言わせるなんて失敬な!」と怒りをあらわにしそうなものですが、ペンローズはハリウッドの世界を受け入れることで自分も楽しんでしまったのです。

それまでの自分の世界と違うものが目の前に現れたら、「むしろこれはチャンスなんだ」と思うことが大事です。当然、最初は戸惑いもあるでしょう。

その反面、ときめきやワクワクもある。それらがごったになったものが自分の世界を広げてくれて、ひいては望むものを指し示す羅針盤となるのです。

運気アップ

まだ見ぬ自分、表に出てきていない自分の可能性を否定せず、いろいろなことに興味を持って取り組んでみる

たった一度の成功で自分の能力を見誤らない

一度手にした強運はぜったいに手放さない。

そんな方法があるのをご存じでしょうか。

そのやり方とは、自分の能力に甘んじておごることなく、つねに好奇心を持って貪欲に努力し続ける姿勢を保つことです。

一度手にした強運を手放さない人というのは、ほぼ例外なくメタ認知能力が高く、感情に振り回されずに現実と理想の自分のギャップを冷静に把握し、自分の欠点や課題を見出すことができる人だといえます。

具体的には、メタ認知能力が高い人には以下のような3つの特徴があります。

1　客観的な視点で自分の能力を分析できる
2　自分に足りている能力、足りていない能力を見極めて物事を決められる
3　自分の失敗を肯定でき、反省と改善を実践できる

つまり、自分自身をしっかりと客観視できる人がメタ認知能力の高い人なのですが、その一方でメタ認知能力が低い人の特徴としてあげられるのは、「成功したのは自分の実力だ」と冷静に自分自身を把握できていないということです。さらに、自分の能力の高さを裏付ける確固たる根拠に乏しい場合もこれに該当します。

この点について、もう少しだけ深掘りしていきたいと思います。

実はこのメタ認知能力が低い人ほど、自分の能力を過大評価しやすいという科学的な研究があります。

アメリカのコーネル大学でデビッド・ダニング博士とジャスティン・クルーガー博士は、どのような人が正しく自己評価でき、またどのような人が自己評価を誤る傾向があるのかという研究を行いました。この研究はふたりの名前から「ダニング＝クルーガー効果」と名づけられたのですが、具体的には次のような実験です。

ある試験の後に、自分がどの程度の成績か自己評価させてみたところ、下位4分の1にいる人は「かなりできたので上位を狙える」と答え、上位にいる人ほど「もっと成績を上げる努力が必要」という謙虚な答えが返ってきたのです。これがまさに、ダニング＝クルーガー効果の好例であり、脳が持つ特定の思考癖を表しています。

ダニング＝クルーガー効果に見られる自己評価を誤る思考癖は、一度手にした強運を手放さないという点でマイナスになることは、もはやいうまでもありません。

こうした思考癖は、脳の判断ミスを無意識のうちに誘発するからです。自身の能力を見誤ってしまう人というのは、はっきりとした意図を持たず、反射的な思考をして勘違いをしてしまい、ふとしたことで判断を誤ったり、実力が伴わない極めて無謀なチャレンジをしてしまいかねないのです。

私の経験からいっても、成功している人ほど自分の実力を過大評価せず、つねに謙虚な姿勢でいる人が多いといえます。

たとえば、作家の林真理子さんがその好例でしょう。

『最終便に間に合えば』『京都まで』で第94回直木賞を受賞、他にもフランス政府によるレジオン・ドヌール勲章シュヴァリエや日本の紫綬褒章、菊池寛賞などを受け、

2022年には日本大学理事長に就任した日本を代表する小説家です。

そんな林さんに私がいつも驚かされるのは、いつお会いしても「私はまだ自分の思うような小説が書けていない」と謙虚におっしゃることです。

まさに、林さんは自分の能力を客観的にモニタリングするメタ認知能力が高いといえるわけですが、自分を客観視しながら自分の能力におごることなく、つねに好奇心を持って貪欲に努力する姿には、自分の考え方や行動に対してつねにトライアル・アンド・エラーを繰り返しているのが見てとれる。それに尽きるでしょう。

大事なのは、自分が没頭できる何かに対して、たとえ失敗してもそこから学んだことを次に生かして何度でもやり直してみること。そのためには、日頃からこのメタ認知を意識して、「自分に足りないものは何か」をしっかりと考えながら、「今、ここ」に集中していくことが大切なのです。

運気アップ 現実と理想のギャップを冷静に把握して自分の欠点や課題を見つめてみる

「思いっきり」であってもブレイクのきっかけになる

私が脳科学者として世間で知られるようになったきっかけは、『プロフェッショナル 仕事の流儀』や『世界一受けたい授業』というテレビ番組に出演したことでした。

それらの番組に出演していくうちに、私の「モジャモジャ頭のぼろい服を着ているおじさんが、脳のことを楽しそうに喋っている」というパブリック・イメージが定着していきました。

よく、「茂木さんの髪型や服装は素のキャラなんですか?」と尋ねられることがあるのですが、それはちょっと違います。

実をいうと、こんな私でもテレビやメディアに出始めたとき、自分のパブリック・

イメージをどのようにするか、悩んでいた時期がありました。髪型をどうすべきか、服装はどんなものにすべきか、といったことも含めてです。

そんなことを考えていたとき、留学したケンブリッジ大学の学者たちのスタイルを思い返し、「あーっ、あれでいいんだ」と思いついたのです。

ケンブリッジの学者たちは、研究に没頭するあまり自分の身なりなどお構いなし。髪もボサボサで服装もだらしなくいつも同じ。まさに、マッド・サイエンティストばかりが住んでいるような世界でした。

私はもともと彼らのスタイルに惹かれていたので、髪型や服装だけでなく雰囲気までも完璧に、リアルに再現したのです。そのディテールは現地で彼らとともに生活しなければわからないほど。こうして私のキャラ的なイメージが出来上がりました。

今考えると、単なる好奇心からの「思いつき」ではありましたが、常識にとらわれずケンブリッジの学者のスタイルを取り入れたことが、結果的に私のブレイクのきっかけに一役買ってくれたのはたしかです。

いうまでもなく、ブレイクするにはキャスティングされる（誰かに選ばれる）必要があるわけですが、たとえば幸運にも私が『プロフェッショナル 仕事の流儀』のM

Cに抜擢されたのは、雑誌『ＡＥＲＡ』の表紙を私が飾ったのを見た番組プロデューサーが興味を持ってくれたという経緯がありました。

自分のことを、どこで誰が見ているかわからないものです。『プロフェッショナル 仕事の流儀』も『ＡＥＲＡ』もそうですが、私がなぜキャスティングされたのかは自分では知る由もありません。ですが、私なりに考えたマッド・サイエンティストというキャラが立っていたというのは、要因のひとつになったのかもしれません。

テレビや映画の世界では、プロデューサーがキャスティング時に見極めるのは容姿や演技力だけではなく、いかにキャラが立っているかということも重要な決め手になるといわれています。キャストが作品の雰囲気にマッチしているかどうかによって、話題性や視聴率、興行収入などに大きく影響するからでしょう。

以前、ドキュメンタリー監督の大島新《あらた》さんとテレビでご一緒したとき、とても興味深い話をうかがいました。それは、大島新さんの父である大島渚監督の『戦場のメリークリスマス』の誕生秘話についてです。

『戦場のメリークリスマス』は、太平洋戦争中のジャワ島の日本軍捕虜収容所を舞台に、極限状態に置かれた人間たちの相克を描いた異色のヒューマンドラマなのですが、この映画が今でも多くの人たちに語り継がれる大きな理由としてあげられるのが、「初めて尽くし」の映画だったことです。

ビートたけしさんが役者として初出演したのがこの作品であり、これがきっかけで映画の世界に飛び出したといいます。さらに、坂本龍一さんも初出演し、初の映画音楽を手掛けたのもこの作品でした。

他にも、戦闘シーンのない初の戦争映画、出演者はすべて男性など、大島渚監督は大胆にも初めて尽くしの映画を自身最大のヒット作にしたのです。

鬼才といわれた大島渚監督の境地にはなかなかたどり着けないかもしれませんが、とにかく興味を持ったことを自分の中に取り込み、たとえ思いつきでも何でもやってみるということは、運を引き寄せるためには必要なことなのです。

運気アップ

いかにキャラが立っているかということも重要な決め手になる

心が惹かれる雑談で自分の可能性の幅を広げる

あなたは、雑談を楽しんでいますか？

私は、雑談を「運を引き寄せるための最高のコミュニケーション」であると考えて、ところ構わずつねに雑多な話をすることを重要視しています。

さまざまな分野で活躍している著名な人たちにお会いする中で、「仕事ができる人ほど雑談で仕事を取ってくる」ということを実感しているからです。さらに、私自身の仕事でも実践していることでもあります。

先述した『プロフェッショナル 仕事の流儀』のMC抜擢の話には続きがあります。番組プロデューサーから、雑談中にいきなり「茂木さんは、テレビ番組のMCに興味はありますか?」と聞かれたのです。私は深い考えもなく、このプロデューサーのひと言に、「そういう機会があれば、やってみるのもいいかもしれません」と答えました。

その場はそのままとなりましたが、後日、正式に番組MCの依頼を受けて、私はお受けすることにしました。

後からプロデューサーに聞いたところによると、あの雑談は私のキャスターとしての適性を探るためのもので、また私の意向を確認するためのものだったそうです。

ではなぜ、単刀直入にMCの打診をしないで、回りくどいやり方をしたのでしょうか。ここに、雑談で運を引き寄せるヒントが隠されています。

雑談では、普段は表に出さない本音や正直な気持ちが出やすい。雑談という場だからこそ、プロデューサーは「やってみるのもいいかも」という私の無意識の本音を確認できたというわけです。

雑談中に無意識の本音が出やすいのは、脳科学でも説明することができます。

雑談をしているときは脳がリラックスしていることが多く、こういう状況では脳の「デフォルト・モード・ネットワーク(DMN)」が作動するようになります。

何かに集中しているときの脳はある特定の回路だけが使われていますが、ＤＭＮはその逆で集中しているときは作動しません。

その代わり、リラックスしているときに作動し、いつも使うのとは異なる回路をつくったり、つなげたりします。

このとき、これまでつながっていなかった新しい回路がつくられて、隠れていた自分の素直な好奇心が表面化したりすることがあるのです。

雑談中に「こういうのはどうですか？」と問いかけるのは、あくまでも相手の反応を確かめるためであって、「正式なオファーではない」ところがミソです。

ちょっとしたひと言を相手に投げて、そのときの相手のリアクションから隠れた本音やニーズを探ることができるし、相手も思っていることを正直に言いやすい。

お互いに何を言っても角が立たないのが、雑談のいいところです。

仕事ができる人はこのように雑談の場を下交渉、あるいは商談のリハーサルとして有効活用していることが多いようです。

雑談のメリットについて、もうひとつお話ししておきましょう。

雑談というのは、時に相手の心を開かせるカギになることがあります。

運気アップ

運は雑談で引き寄せられるということを覚えておいて損はない

私が尊敬してやまない方のひとりに、養老孟司先生がいます。２００３年に出版された『バカの壁』（新潮新書）が４５０万部を超えるベストセラーとなり、今や「国民の教師」とでもいうべき存在ですが、もうかれこれ25年以上のお付き合いになります。

先日もタクシーの中で「ラオスでの虫捕りどうでしたか？」という私のひと言に、とても喜んで私の知らなかった貴重なお話をたくさんしてくださいました。

養老先生のもとには多くの人が訪れます。私は、そうした話をしている様子を横で見てきましたが、たいていの人は緊張した面持ちで用件だけ伝えて帰っていくのです。

それでは養老先生の心を開かせることはできません。

たとえどんなに短い言葉でも、相手の心を開かせるカギをちょっとした雑談で見つけてほしいものです。

雑談から始まる会話から大きなプロジェクトが始まることもあるのです。

CE

CE

行動習慣5

行く PLACE

正しい時に、正しい場所にいる

私が以前、京都で講演会を行ったときのことです。

ナカジマくんという高校生が、「茂木先生に会いに来ました！」と目をキラキラさせながら、近づいてきたのです。

学生が私に会いに来るというのはよくあることなのですが、不覚にも私は一瞬、戸惑ってしまいました……。

というのもナカジマくんは、今どきの高校生にしては珍しく、本気度を丸出しにした情熱あふれる幕末の志士を思わせるような男の子だったからです。

わざわざ遠方から私に会いに来てくれた熱意に押され、私は「キミ、ちょっとこの後、懇親会があるからよかったら参加しない?」と誘うと、「はい! 行きます!」と元気な答えが返ってきました。

もちろん、彼は高校生。お酒は飲めないので、私の横でうれしそうにウーロン茶を飲んでいました。

懇親会も終わり、「じゃ、ナカジマくん、またね。ところで、これからどうやって帰るの?」と尋ねると、「いやー、実は行きの電車賃しか持っていなかったので、これからこのあたりで大道芸でもして電車賃を稼いでから帰ります」と、なぜかわけのわからないことを言うではありませんか。

(困ったヤツだな……)

そのまま「そっか、じゃ、またね」というわけにもいかず、私は「いや、ナカジマくん、それはやめたほうがいい。これで帰りな」と私は帰りの電車賃を渡して帰らせました。

「世の中にはおかしな高校生がいるもんだなぁ」と思っていましたが、しばらくするうちにナカジマくんは、私のところにちょくちょく出入りするようになっていったのです。

あるとき私の知り合いが大勢集まる会合があり、高校を卒業したナカジマくんも当然（?）のようにその場所にいました。

すると、私の知り合いのある会社の社長さんの目に留まって気に入られ、何と運転手兼ビジネスの基本を叩き込まれる弟子として採用されたのです。

しかも、運転免許を取得するお金も出してもらい、住むアパートも用意してもらうという厚待遇です。

「まさか、こんな展開になるなんて！」

一番驚いたのは、何を隠そうこの私です。

たしかに、ナカジマくんには若さゆえの情熱、本気度みたいなものを私も感じ取ってはいましたが、それにしても何という強運の持ち主でしょうか。

ナカジマくんが、なぜこのような幸運を引き寄せることができたのか？

それを脳科学の見地から検証してみたいと思います。

目をキラキラさせて熱意があったから？

若さゆえの情熱、本気度があったから？

まっすぐさ、ひたむきさがあったから？

たしかに、こうしたパッションは運を引き寄せるためには必要なことかもしれません。でも、私の検証結果はこうです。

「正しい時に、正しい場所にいたから」

このことが結果的に、ナカジマくんに強運をもたらしたのだと思うのです。

片道の電車賃しかないのに私の講演に来たというのも、私の知り合いが集まる会合に居合わせて社長さんに会ったのも、正しい時に、正しい場所にいたからです。

おそらく、ナカジマくんより優秀な高校生は星の数ほどいるでしょう。

でも、どんなに優秀であっても、正しい時に、正しい場所にいることができなければ、運を引き寄せることはできないのです。

そんなナカジマくんは今、「企業の経営者になるためには会計の知識が必要だ」といって、会計士の資格を取るために猛勉強しているそうです。

運気アップ

思い立ったらとにかく行ってみる。正しい時と場所は、あとからわかるもの

置かれた場所でベストを尽くしてみる

今の仕事が不満だと、感じたことはありませんか？

毎日働いていれば、仕事に対して不満を持つのは誰にでもあることです。人によっては仕事への不満を通り越して、どうすべきか悩んでいる人もいるでしょう。

仕事に対する不満は、人によって千差万別です。

「今の仕事に対して何となく不満だ」という人もいれば、他人の仕事ぶりを見て「自分ならもっといい仕事ができるのに」という人もいるでしょう。

私はこれまで、そのように不満を持つ人たちを大勢見てきました。

たとえば、ある芸人さんにお会いしたときのことです。

その芸人さんは、お世辞にも売れているとはいえなかったのですが、いつも口癖のように「俺はテレビなんかに出なくてもいい」とか、「テレビに出ているやつより俺のほうが何倍もおもしろい」などと、ところ構わず愚痴をこぼしていました。

私はあまりテレビを観ないので、どの芸人さんがおもしろいのか、どの芸人さんが売れているのかよく知りません。

ですが、少なくともその芸人さんに対しては、「なんか、もったいないな。もっと今の自分に自信を持ってベストを尽くせばいいのに」と思っていました。

ビジネスパーソンにしても、「なんで実力のないあいつが出世してるんだ」とか、「なんであいつの企画が採用されるんだ」といった不満を持つときもあるでしょう。

それは、アカデミックな世界でも同じです。

それこそ、教授や学者の間では、「なんであいつがあの大学の教授をやっているんだ」とか、「なんであの学者の研究がメディアで注目されているんだ」などとあげればきりがありません。

しかし、このように愚痴や不満ばかりを言っているようでは、当然ながら運を引き寄せることはできません。

自分が置かれている状態が幸せだと感じる人と、不幸だと感じる人の違いはどこにあるのでしょうか。

それは、自分が置かれた場所でベストを尽くせているかどうかだと思います。

累計200万部の国民的ベストセラーになった『置かれた場所で咲きなさい』(幻冬舎)という本がありましたが、この本の言葉を借りるならば、本来、人はどんな場所でも幸せを見つけることができるはずなのです。

たとえば、理想の自分と今の自分がかけ離れているとしましょう。

そのときに、不満ばかり口にしたり、焦って理想の自分を追い求めても、満足のいく結果は出せないのではないでしょうか。今ここで、自分が置かれている場所でベストを尽くすことができて初めて、物事はうまくまわっていくものです。

1965年にノーベル物理学賞を受賞したリチャード・P・ファインマンの伝記に、大学で職を見つけた直後にスランプに陥ってしまうエピソードが描かれています。

何のために物理学を研究しているのか見失い、何をやっても楽しめず、うつうつとした日々を過ごしていたそうです。そんな状態が続いたあるとき、ファインマンは次のように悟ったといいます。

運気アップ

本来、人はどんな場所でも幸せを見つけることができるはず

「以前は、やりたいと思う研究をやっていただけで、それが物理学の発展のために重要かどうかなど知ったことではないと思っていた。ただ自分が楽しむためにやってきたのだ。だったら、これからも以前のように、自分が楽しめることをしよう」

そうして「置かれた場所でベストを尽くす」ようになったファインマンは、楽しみながらひたすら研究を続け、やがてノーベル物理学賞を受賞できたのです。

他人だけでなく、自分に対しても不平不満を抱いている人は、そのときにやっている仕事もあまりうまくいっていないことが多いようです。

一方で、自分が置かれた場所でベストを尽くすことを楽しんでいる人は、やはりいい仕事をしているものです。それだけでなく、人間関係もうまくいきます。

「この人のそばにいると何か楽しそうだな」と、運を引き寄せてくれる人が近づいてくるからです。

成長させてくれる人が集まる場所を探す

「この世界は砂漠みたいなものだな」

ときどき、そんなことを思います。

私たちは日常生活で、さまざまな目的を持って、さまざまな場所を行き来して移動しています。勉強するために学校へ行ったり、仕事をするために職場へ行く。誰もが、日々行かなければならない場所を持っています。

ただ、こうした日常的な空間移動をしているだけでは、運を引き寄せることはできないのではないでしょうか。

それはつまり、ただただ広い砂漠のような場所を歩いているにすぎないということと。強運に巡り合うには、どこかで自分を成長させてくれる「オアシス」のような場所を見つけておく必要があると思うのです。

では、自分のオアシスっていったいどこにあるのか？

それは、自分が今もっとも夢中になって取り組んでいることにヒントがあります。私でいえば、脳の研究をライフワークにしているので、脳の研究に関係する人がどんな場所にいるのかということをつねに考えています。そして、そのような人たちが集まる場所に積極的に行くことを心がけています。最新の研究や情報に直接触れることができるからです。

それでもやはり、「自分が求めている人たちが集まる場所というのは、案外限られているんだな」とつくづく思うことがあります。

たとえば、日本で脳の研究をする学会に参加する人をざっと計算しても、毎年参加する人たちは3万～4万人程度いるでしょう。ただし研究分野はアルツハイマーから、学習のメカニズム、感情や細胞生理にいたるまでさまざまです。

そのうち私のように「意識」に興味を持っている人となると日本では10人ほど、世界でも200人程度に絞られると考えられます。

つまり、日本では10人、世界では２００人が集まるような場所というのが、私の研究にとってのオアシスということになります。

これが、自分を成長させてくれる人が集まる場所が限られていると述べた真意です。

本当に目的を達成するためには、そういった人たちが集まる場所にピンポイントで行かなければ、最新の話や重要なことを聞いたり話したりすることは難しい。つまり、前に進まないことが多いのです。

たとえば、２０２２年は「Ｗｅｂ３元年」と呼ばれていました。

ですから昨年は、いろいろな人が「これからＷｅｂ３がくるよね」などと話しながら情報交換をしているのは巷でよく見られた光景でしょう。それはそれでいいのですが、それでは本当に「雑談の域」を出ていません。ましてや、目的に向かって何かを成し遂げたり、自らを成長させるというのは難しいでしょう。

では、どうすればいいのか？

私の友人にマサチューセッツ工科大学（ＭＩＴ）メディアラボ所長やハーバード・ロースクール客員教授などを歴任し、現在は千葉工業大学変革センターのセンター長をしている伊藤穰一《じょういち》さんという人物がいます。

伊藤さんはＷｅｂ３やＮＦＴ、メタバースといったインターネット・テクノロジーのスペシャリストです。そんな伊藤さんのような人と直接話ができる場所に、どうすれば行けるのかを考えることが大事だと思うのです。

今ではＳＮＳを利用することで、わざわざ会いに行かなくても見知らぬ誰かにアクセスすることが容易になりました。

ですが、単に雑談で終わらせるのではなく、目的に向かって進んでいきたいのであれば、伊藤さんのような魅力的な人に直接会って話をする。そのための努力を怠ってはいけないということです。

自分にとってのオアシスを見つけることが、自分の成長を後押ししてくれると私は思っています。

運気アップ

運気を見つけるヒントはもっとも夢中になって取り組んでいることにある

自分が上がる場所と下がる場所のマップをつくる

あなたには、テンションが上がる場所ってありますか？

私には、そんな場所がたくさんあります。

たとえば、沖縄の御嶽《うたき》がそうです。

御嶽とは、沖縄で古くから祭祀《さいし》などを行う場所で、琉球王国の中でもっとも格式の高い「聖域」とされています。

世界遺産にも登録されている御嶽は、むき出しにそびえる岩山そのものが神の宿る存在として今もなお沖縄の人々に拝まれているのですが、初めて訪れたときは「なんて気持ちがいい場所なんだ！」と心の底からテンションが上がりました。

もうひとつ、博多の櫛田《くしだ》神社もそうです。

櫛田神社は博多の中心にあり、こちらも古くから博多の人々の信仰を集めている場所です。博多の総鎮守として「お櫛田さん」の愛称で親しまれており、「博多祇園山笠」や「博多おくんち」「節分大祭」など博多のお祭り処としても知られています。

私はそこで、飲むと長生きができるという言い伝えが残る「霊泉鶴の井戸」というご利益のある井戸水を飲んだのですが、とてもすっきりとリラックスした気分にさせてくれました。

「テンションの上がる場所へ行く」

近年の脳科学の研究では、「テンションの上がる場所でゆっくり過ごす」ことがいかに重要であるかがわかってきています。

一方、現代社会を生き抜くビジネスパーソンの多くが抱える問題のひとつにストレスがあります。

「自分にはストレスなんて無縁だ」という人はごく一部で、おそらく「あー、ストレスが溜まってる」などと嘆いている人が多いのではないでしょうか。

そんな状態を我慢し続けて、長期的にストレスを受けていると、脳がダメージを受けてしまうかもしれないということをご存じでしょうか。

私たちの脳は24時間、何かしらの活動をしています。寝ている間もそうです。なかなか脳を休ませることのできない現代社会においては特に、普段から働きすぎている脳を休ませることが大切なのです。

日常的な出来事や情報の記憶を一時的に記憶して保存しておく「海馬」をはじめとする脳機能に休息を与えると、脳が回復して本来のパフォーマンスを発揮できるようになります。

パソコンのキャッシュメモリを消すように、脳を休ませるというのは私たちにとって大切なこと。「テンションの上がる場所でゆっくり過ごす」ことは、脳に溜まったキャッシュメモリを消すことであり、脳を休ませることになるのです。

脳科学の見地から、私はこれを「テンション・コントロール」と名づけました。

何より、神社に限らず自分のテンションが上がる場所に行くと、意外にも頭の中がすっきりすることがあるものです。

日々溜まっていた疲れやストレスが、そうした場所でさまざまな刺激を受けることで、いつの間にかどこかに吹き飛んでしまうのでしょう。

運気アップ

テンションが上がる場所と下がる場所をまとめて、運気マップをつくってみる

そんな経験は誰にでも、あるのではないでしょうか。

そのうえ、テンションが上がる場所から日常に戻れば、気持ちも新たに仕事に取り組めたり、何か新しいことに挑戦したくなったりもします。

そこで、私からの提案です。

自分のテンションが上がる場所をまとめて、運気マップのようなものをつくってみてはいかがでしょうか。

またそれと同時に、自分のテンションが下がるような場所の運気マップもつくっておく。なるべくテンションを下げないように、工夫してみてください。

運気マップを自分の中につくっておくことで、脳のテンションが敏感に反応するようになるはずです。

いつも上機嫌で歩くパワースポットになる

小柴昌俊《まさとし》さん。

科学の世界で、この名前を知らない人はいないでしょう。

小柴先生は、地球から16万光年も離れた超新星爆発で発生した「ニュートリノ」を、素粒子を観測する装置「カミオカンデ」を使い、世界で初めて捉えたことが認められてノーベル物理学賞を受賞した人物です。

そもそもニュートリノとは素粒子のひとつで、電気的に中性であることから他の物質とほとんど反応しないため、まるで「ゴーストのような粒子」とも呼ばれていて、観測はとても困難だといわれていました。

それでも、ニュートリノは宇宙から大量に地球に降り注いでいるため、ごくまれに地球の物質と衝突することもあり、小柴さんのカミオカンデはニュートリノを偶然にも捉えたのです。

そんな小柴先生はご自身の観測成功を経て、今では「ニュートリノ天文学」という新しい学問を切り拓いた功労者といえる人なのですが、私が今も小柴先生について覚えていることがあります。

それは、私がまだ東大で物理学を学んでいた大学院生時代のときのことです。

小柴先生のニュートリノの素粒子実験の研究室はいつも明るく、熱気に満ち溢れていました。それはまさに、「人間パワースポット」というものでした。

ご存じではない人のために解説しますが、素粒子実験というのは実に大量のデータを長い年月をかけて解析していく、まさに先の見えない作業の連続なのです。

にもかかわらず、小柴先生のもとに集まった優秀なコンピューター・サイエンティストたちは、実に楽しそうに研究に勤《いそ》しんでいたのです。

そのときの小柴先生には、まだノーベル賞の「ノ」の字も垣間見られなかったのですが、ふり返ってみると「あー、あのような明るく熱気に満ち溢れている場所に、運というのは必然的にやってくるのだな」とつくづく思うのです。

そしてノーベル賞を受賞された後、ある番組でご一緒したのですが、やはり科学の本質を見抜く鋭さに感銘を受けたのを覚えています。

さらに、ふとした笑顔も素敵で温かったことも……。

小柴先生に限らず、仕事が大変だとか、プロジェクトがすごくチャレンジングだとかにかかわらず、その瞬間を心底楽しんでいる人たちというのは本物だと感じます。

そうした本物の人たちに直接会いに行くというのは、運気が上がるきっかけになることが多いと考えられます。

最近の脳の研究でも、創造的な脳の思考回路を使っているときというのは、人は上機嫌であることが多いといいます。

逆に私たちの脳というのは、上機嫌だから創造的になれるといえます。

上機嫌な人が多くいるところが運を引き寄せる場所だと考えると、運に巡り合うためのヒントやカギになるのではないでしょうか。

そこで私が出した結論は、運を引き寄せるには「パワースポットのような人のいる場所へ行く」ということです。

運気アップ　運を引き寄せるには「パワースポットのような人」のいる場所へ行く

そんな人がいる場所に行ったら、できるだけ多くのことを吸収すればいい。楽しそうにしている人たちに触れることで何かが得られ、あなた自身も何かに熱中できるようになるかもしれません。

一方で、あなた自身が「歩くパワースポット」になることを目指すのも大事なことだと私は思います。

以前、私が担当するラジオ番組に出演してくれた湘南乃風のＳＨＯＣＫ ＥＹＥさん。人気占い師のゲッターズ飯田さんは「今まで数万人占ってきた中で１、２位を争う運の強さ」と、ＳＨＯＣＫ ＥＹＥさんのことを評していました。

一時、ＳＨＯＣＫ ＥＹＥさんの写真をスマホの待ち受けにすると、運気がアップすると話題になりました。いつも上機嫌で人を惹きつける「歩くパワースポット」といわれるようになる努力をしてみてはいかがでしょうか。

行動習慣 6

過ごす TIME

タイミング力が強運を制することを知る

「タイミングって大事なんだな」

そんなことをつくづく思ったエピソードがありました。

私はある日、サッカー元日本代表の本田圭佑選手とネット番組の収録をした後、同じ場所である出版社の編集者と書籍の打ち合わせを予定していました。

その担当編集者というのが、無類のサッカー好きだということは私も長年の付き合いで知っていたので、「ちょうど今、本田圭佑選手と収録していたんだよ。よかったら紹介しようか?」と声をかけたところ、「本当ですか⁉　ぜひぜひお願いします！　ありがとうございます！」とそれは感激した様子でした。

私とともに本田選手の控室に行くと、その編集者は憧れの本田選手を前にして目を潤ませながら感動しているではありませんか。「せっかくだから一緒に写真でも撮ってもらえば」という私の言葉に、本田選手も快く応じてくれました。

「一生モノの家宝にします！」と編集者は本田選手と握手を交わしていました。

本田選手といえば、これまで日本サッカー界を背負う活躍をされたのはもはやいうまでもありませんが、２０２２年に開催されたサッカーワールドカップでの解説が見事だったことも大きな話題になりました。

実は私のもとには、「本田選手と会いたい」という人が後を絶たないのです。

それでもたいていの場合はどうにもならないというのが現実なのですが、その編集者はたまたまその日、その場所、その時間に私との仕事の予定が入っていました。

これが「タイミング力が強運を制する」という言葉の真意です。

会いたい人に会えるかどうかは、タイミングがすべてだといえます。

タイミングが少しズレるだけで、どんなに望んでいても会いたい人には会えないからです。

もちろんタイミングというのは、人に会うことだけではありません。

たとえば、何かを決断するタイミングとか、どこかに行くタイミングなど、何気ないタイミングを計ることで運を引き寄せられるか否かが決まります。

まわりを観察していると、「あー、この人は間《ま》が悪いな」と思わされることがよくあります。

仕事もできて能力も高いのに、なぜかタイミングを失してしまう人がいるものです。

そこで、ぜひ身につけてほしいのが「タイミング力」です。

タイミング力を高めるポイントはたったひとつ。どんなことでも「即断即決」すること。それに尽きるでしょう。

頭であれこれ考えているうちに、大事なタイミングを逃してしまうからです。

チャンスというのは、つねに一瞬で過ぎ去ってしまうもの。そう考えればうかうかしていられません。

私は以前、『ガルシアへの手紙』（角川文庫）という本の解説を書いたのですが、まさにこの即断即決の大切さを学べる良書でした。

簡単にあらすじを紹介すると、アメリカとスペインが戦争をしていたときに、アメリカの大統領がある軍人にキューバのリーダーであるガルシアへ宛てた手紙を託すのですが、その軍人はガルシアがどこにいるのかさえわからないのに「わかりました」と即座に応えてボートに飛び乗ったのです。

そして、その4週間後には無事ガルシアに手紙を届けて生還を果たし、アメリカに勝利をもたらしたというストーリーです。

即断即決タイプの人はタイミング力が高く、実行力もある。だから運を引き寄せられるのです。

ビジネスの商談で目の前に大きなチャンスがあったとしても、杓子定規に「社に持ち帰って検討させてください」などと言う人が少なくありません。おそらく会社で決まっているからでしょう。

ですが、それでタイミングを逃してしまえば元も子もありません。

運気アップ

頭で考えるよりもまずは行動。そんなふうに過ごすとタイミング力が高まる

ひらめきを得るために ボーッとして時間を過ごす

「ただボーッとして時間を過ごす」

いきなりこんなことを聞くと、「時間を無駄にしているのでは？」などと考えてしまう人が多いようですが、それは正しくありません。

最新の脳科学では「ボーッとして時間を過ごす」ことの重要性が浮かび上がってきているのをご存じでしょうか。

そして、そうした時間を確保することで、運を引き寄せる可能性が高まるということも……。

ただボーッとして時間を過ごすことの目的は、いうまでもなく脳をしっかり休ませることに他なりません。そうした時間をどれだけ確保できるかが、クリエイティブ（創造的）に生きることができるかどうかのカギになります。

ボーッとするということを脳科学的にいえば、脳の「デフォルト・モード・ネットワーク（DMN）」を働かせることです。それまで思いもつかなかったような「アイデア」や「ひらめき」が生まれることにつながるのです。

アイデアやひらめきというのは、ひたすらオフィスで机に向かっていれば浮かんでくるものではないということは、誰もが経験しているでしょう。

ここで大切なのは、「集中」と「リラックス」のバランスです。

脳科学的にもアイデアやひらめきは、脳がリラックスしてアイドリングの状態でなければ生まれにくいといわれています。

もしかしたら、何時間も考え抜いたあげくに、疲れはててお風呂につかった瞬間に「ひらめいた！」という経験をした人もいるかもしれません。

これがまさに「ひたすらボーッと過ごす」ということの効果だといえます。

実際に、斬新なアイデアで世間をあっと驚かせるようなビジネスパーソン、あるいは一流と呼ばれているミュージシャンやクリエイターなど、私が知る数多くの方々には共通点があることに気がつきました。

脳の休ませ方が非常にうまいということ。実は、「脳を休ませる」ことと「創造性」は密接に関係しているのです。

たとえば、ユーミンこと松任谷由実さんや布袋寅泰《ほていともやす》さん、そして秋元康さんなど、錚々《そうそう》たる方々と会話してわかったことがあります。

それは不思議とみなさん「余裕がある雰囲気」の持ち主だということです。

もはやいうまでもありませんが、ここに名前をあげた一流のミュージシャンやクリエイターは、それこそ多忙な日々を過ごしているに違いありません。

日頃から仕事に追われてがむしゃらに働いているビジネスパーソンと、そうした一流と呼ばれる彼らとでは、いったい何が違うのでしょうか。

がむしゃらに働き続けるビジネスパーソンは、あくまで一般論ですが脳を上手に休める術《すべ》を知らない傾向にあります。休ませ方を知らないから、いつも時間に追われているかのようにあくせく働いているのではないでしょうか。

時間に追われていると、短時間、集中的に仕事をすることはできても、長いスパンで密度の濃い仕事を続けることは難しいのです。未来を見据えて仕事のクオリティを

運気アップ

ただボーッとして時間を過ごし、上手に脳を休ませる習慣をつくる

上げたり、創造的な仕事をすることはできないでしょう。

では、同じように忙しくしている一流のクリエイターたちはどうでしょうか。

ユーミンにしても布袋さんにしても、ものすごく忙しいはずなのに、まるで夏休み中の小学生のような雰囲気を醸し出しています。

もっとわかりやすくいえば、脳を休ませるスキマ時間を上手につくり出していると考えることができます。がむしゃらに作詞・作曲したところで、人の心を打ち、後世に残るような名曲が生まれるわけではないということを、自らの経験によって知っているのです。

行き詰まりを感じたときは、一度現場から離れてボーッとしたり、何も考えない時間を意識的につくり出して脳を休ませ、エネルギーが補充されたら再び意欲的に創作に戻るということを繰り返しているのです。

「句読点」をつくって
ティータイムで脳を休ませる

脳をしっかり休ませることの効用――。

そうした時間を確保することは、運を引き寄せるうえで極めて重要なので、もう少しだけ触れておきたいと思います。

私は日頃から、心がけていることがあります。

それは、「ムリなスケジューリングで仕事を詰め込まない」ということです。

「よし！　このへんでちょっと脳を休ませよう」

私がそう思うのは、働きすぎて脳が疲労を感じているときです。そんなときはどんなにカラダにムチ打っても、高いパフォーマンスを発揮することはできません。

そこで、どんな仕事でも、どんな勉強でも、脳を休ませるということを前提として、「ここまでやったら一区切りして休もう」ということを実践してみてください。

どこで脳を休ませるかということを判断できるのは、すなわち「仕事のスケジュールと流れをしっかり把握できている」ということであり、仕事の効率やパフォーマンスの向上にも役立ちます。

脳を休める区切り、いわば次の行動までの「句読点」をつくるというのは、仕事力あるいは勉強力を磨くうえで、不可欠なことだと私は考えています。

脳を休ませるために句読点をつくることの重要性を理解している人は、「次の区切りまで頑張ろう」と、その先にあるゴールがしっかり見えているからです。

メリハリやけじめ、あるいは物事の始めと終わりというものをしっかりと意識している人は仕事や勉強の区切り、つまり句読点をつくるのが上手だといえます。

重要なのは他人に与えられるのではなく、自分で句読点をつくれるかどうかです。

では、具体的にどのように脳を休ませる句読点をつくればいいのか?

私が推奨しているのは、「何かしらの動作を伴わせる」ということです。

たとえば、イギリス文化にある「ティータイム」というのは、脳科学の観点からも理にかなっているといえます。

　これは、私がケンブリッジ大学に留学していたときに経験したことが裏付けてくれました。

　ケンブリッジ大学の研究室では、ほぼ例外なく「ティータイム」というものが設けられていました。正確にいえば、ティータイムが厳密に決められていたといったほうが正しいかもしれません。

　ある時間になると、大学の構内にあるティールームには大勢の学生たちが集まり、自由にお菓子などの軽食を食べ、紅茶を飲みながら、雑談に花を咲かせるのです。

　お茶の文化が根付いているイギリスならではの光景なのかもしれませんが、おそらくその前後はみんなが例外なく、ものすごく忙しく仕事や研究、勉強をしていると考えられます。

　だからこそ、ティータイムを設けて強制的に脳の休息時間をとるということを実践しているのでしょう。

　もちろんティータイムがあるのは、ケンブリッジ大学に限ったことではありません。イギリスでは実に多くの大学や会社においてティータイムが設けられているのです。

さらに、仕事や勉強の合間に挟むティータイムの効用として、心を和ませて気分をゆったりさせてくれるということがあげられます。

このリラックス効果が、脳を休ませることにつながるのです。

また最近の研究で、お茶に含まれる「テアニン」という成分が、脳をリラックスさせることと深く関わっているということがわかっています。

お茶が好きな人であれば、この名称を一度は耳にしたことがあるかもしれません。

テアニンは、お茶の「うま味」や「甘味」のもととなる成分です。

お茶を飲むとホッとして、心が落ち着くというヒーリング効果があることはこれまでの研究で証明されています。

みなさんも意識的にティータイムを取り入れてみてはいかがでしょうか。

運気アップ

自分のスケジュールをしっかり把握してティータイムを設ける

スキマ時間はスマホでインプットのピボッティング

あなたは、スキマ時間を有効に活用していますか?

私は移動中などのスキマ時間を、ほぼインプットの時間に充てています。

電車内を見渡すと、最近はほとんどの人がスマホを見つめています。

さらに観察を続けると、せわしなく指を動かしている。

そう、ゲームをしているわけです。

ちょっとしたスキマ時間を使って、息抜きをしているのかもしれないので否定はしませんが、そのスキマ時間を情報のインプットに充てるだけで、幸運に巡り合うきっかけになることがあります。

スキマ時間は私たちがどんなに忙しくても、1日の中に点在しているものです。

たとえば、会議の前にぽっかり空いた5分、取引先との打ち合わせ予定時間よりも早く到着したときや友人を待つ間の10分、あるいは次のアポまでの30分などです。

たとえその一つひとつが細切れの時間だったとしても、うまくインプットに活用することで、自分にとって有益な情報に巡り合うことができるかもしれないと考えてみてはいかがでしょうか。

大事なのは、スキマ時間で何をするかをあらかじめ考えておくことです。

脳は「空き時間ができましたよ。それであなたは何をしますか?」といきなり突きつけられても上手に対応できないので、迷ったあげくにその時間を無駄にしがちになるからです。

そこであらかじめインプットすることを時間別に考えておく、というのもひとつの方法だと私は思っています。

スキマ時間が5分ならニュースやツイッターのトレンドチェック、10分あればオンラインに上がっている興味のある記事を読む、30分なら本を読んだり、気になっている人のYouTubeを観るなど、私は時間別にインプットの種類を決めています。

すると、突然スキマ時間ができたときでも、迷うことなく有効活用できるというわけです。

先に述べたように「スキマ時間に脳をしっかり休ませよう」と、ボーッとして時間を過ごしてリフレッシュするのも悪いことではありません。

むしろ、スキマ時間の使い方として有効だと思います。

それでも、「なんだかいつもスキマ時間を無駄にしている気がするな」と感じているなら、情報を幅広く収集するインプット時間として有効活用することを私はおすすめしたいのです。

私が「情報インプットのピボッティング」と呼んでいるものがあります。

バスケットボールが好きな人は、「ピボッティング」という言葉にピンときたかもしれませんが、簡単に説明しておきます。

バスケットボールでは、ボールを持っているプレーヤーが片方を軸としてフロアに固定し、もう一方の足を動かす動作を「ピボット」といいます。

最近ではビジネスシーンでも、「軌道修正」といった意味で使われています。

これをインプットに置き換えると次のようになります。

運気アップ

片足をずらす情報インプットのピボッティングで、セレンディピティに巡り合う

一方で日頃から自分が必要としている情報を定点的にインプットしつつ、もう一方は時代や環境に合わせた新たな情報をインプットしていく。

この情報インプットのピボッティングを行うためのツールにはスマホが最適です。

スマホであれば、場所を問わずテキストや音声、さらには動画でのインプットがリアルタイムでできるからです。

また、スキマ時間にスマホを使ってインプットすることのメリットとして、思いがけない情報に巡り合えることがあります。

要するに、「セレンディピティ」な情報にたどり着ける可能性があるということもお伝えしておきましょう。

まわりに流されず考えを整理する時間をつくる

「自分はいつも、ついつい人に流されて生きてしまっている……」

こんなふうに考えつつも、移ろいゆく日々を何となく過ごしているという人も少なくないでしょう。

ですが、そういう過ごし方をしている人は注意が必要です。

運を引き寄せるうえで、大きな阻害要因になるからです。

端的にいえば、確固たる価値観を持って日々を過ごしている人が、最終的に強運を呼び込めるからです。

自分の軸を持って生きている人は、「たとえ他人が何と言おうと、自分はこうあるべき」というゆるぎない価値観を持っているものです。

その価値観が、運の引き寄せに深く関係しているというのが私の見解です。

では、こうした価値観が脳科学的にどのように運を引き寄せることにつながっているのか、ご説明しましょう。

自分を貫く確固たる価値観とは、「自分を見つめ直し、自分の考え方を整理する時間を持っている」ということでもあります。

ところが、「言うは易く行うは難し」の通り、実際に自分を見つめ直して考え方を整理するというのは、いざ実行に移そうとすると案外難しいものです。

そんなとき私がおすすめしているのが、自分の過去にあった成功体験を振り返ってみるということです。

成功の大小にかかわらず、自分の過去の成功体験を思い出して、それらの共通点を探し出してみる。すると、自分なりの強みが浮かび上がってくるはずです。

そして自分の強みに気づくことができれば、そこから自分の「あるべき姿」を想像することで、脳がそれに適した判断基準や価値観を自分の軸にしていくのです。

脳科学の観点からも、こうした自分の軸を設定することで他人に流されない生き方を実現できるというわけです。

「自分の軸」がブレることなく、信念にもとづいて一生を送った人物を私は知っています。ご存じの人も多いことと思います。

戦後、吉田茂首相の側近として活躍し、日本占領中のGHQから「従順ならざる唯一の日本人」と呼ばれた白洲次郎です。

白洲次郎は戦後、連合国軍最高司令官ダグラス・マッカーサーを怒鳴りつけたなど、数々の逸話を残しているわけですが、彼がよく口にしていた言葉があります。

「プリンシプル（principle）に生きる」

プリンシプルとは、「原理」「原則」などと訳されるのですが、このプリンシプルに生きるということは、すなわち「自分の軸を持って生きる」と言い換えることができるのではないでしょうか。

では、どうすれば白洲次郎のようにプリンシプルに生きられるのか？

それこそが先に述べた「自分を見つめ直し、自分の考え方を整理する時間を持っている」ということにつながってくるというわけです。

自分の考えをしっかり整理できている人というのは、自分が目にするもの、耳にするものの中で、何が重要なのかをしっかり理解できている人といえます。

逆にいえば、自分の考え方を整理できていない人というのは、些細なことにとらわれてしまったり、ついつい時間を無駄にしてしまいがちです。

つまり、人生という長い旅路の中で、自分にとって何が大事かということをいつも整理できている人は、自分自身との対話によって自分の価値観を常日頃から確認できているということです。

みなさんのまわりにもいるはずです。

他人に流されることなく、やりたいときに、やりたいことをやっている人。

そういう人は、人に見られないところで自分の考えや価値観をしっかり整理する習慣を持っているのです。

自分の考えや価値観を整理してプリンシプルに生きる人に運は巡ってくる

運気アップ

NK

NK

行動習慣 7

考える THINK

過去にとらわれず「ゼロベース」で考える

2022年、ビジネスの世界でもっとも大きな話題を振りまいた人物としてまず思い浮かぶのは、やはりイーロン・マスクでしょう。

イーロン・マスクは、宇宙開発企業である「スペースX」、電気自動車メーカー「テスラ」の創設者として有名です。それまで誰も思いつかなかったような斬新な発想を持ち、企業を大きく成長させる経営手腕に長けているだけでなく、世界一の資産家としても知られています。個人資産の3000億ドルは、企業でたとえるなら日本が世界に誇るトヨタ自動車の時価総額を上回るというから驚きです。

そんな世界一の実業家ゆえ、イーロン・マスクの一挙手一投足は世界中で注目されますが、一方で「クレイジーな予言者」と揶揄《やゆ》する人も少なくありません。

たしかに、イーロン・マスクはこれまでも私たちの常識をはるかに超えた発言で世間を翻弄してきました。

「2035年までに人類を火星に移住可能にする」

「電気自動車（EV）を開発して地球温暖化を食い止める」

これらはすべて、イーロン・マスクの発言です。

イーロン・マスクがさらに注目を集めたのが、ツイッター社の買収劇でしょう。

イーロン・マスクはツイッター社に約400億ドル（約6兆円）という巨額の買収を提案したのです。

ところがその直後に話は一転、ツイッター全体に占める偽アカウントやスパムの比率が、ツイッター社が発表している数字とは違うなどの懸念を理由に、買収を撤回したのです。

この買収撤回によってツイッター社はイーロン・マスクを相手どり、買収の実行を求める訴えを裁判所に起こす事態へと発展しました。

すると、イーロン・マスクは裁判が始まる直前に買収を再提案し、裁判所の命令に従って買収に必要な資金などを調達し買収手続きを完了したのです。

イーロン・マスクは、ツイッター社の買収劇を通じて二転、三転しながらも最終的には落としどころを見つけたわけですが、私はこの買収劇で感じたことがあります。

「意外と節操がない人のほうが今の世の中に向いているんだな」ということです。

ツイッター社の買収劇を時系列で観察してみると、イーロン・マスクは過去の経緯に関係なく、つねに「今この瞬間」の言動や意思決定を「ゼロベース」で考えていることがわかります。

だからこそ、この買収劇は二転、三転したわけです。

世間は、「またイーロン・マスクがやりたい放題やっている」と思うかもしれませんが、彼はそんなことはまったくいとわないのです。

一見すれば節操がないように思われがちですが、イーロン・マスクがここまで実業家として成功していることを考えれば、やはりこのゼロベースで考えるということが結局のところうまくいく理由なのではないでしょうか。

最近では、「ゼロベース思考」という言葉もよく耳にします。

ゼロベース思考とは、常識や思い込みにとらわれず、つねにゼロから物事を考える思考法です。

目の前の状況を的確に把握し、まっさらな状態で物事を考え、現時点のベストソリューションを生みだすために、ゼロベース思考は脳科学的にも有効といえます。

私たちの脳というのは普段、過去に得た知識や経験、あるいは価値観をもとに物事を判断していますが、既存の枠組みや考え方に縛られることで的確な判断や柔軟な発想ができなくなる場合もあります。

もはやいうまでもありませんが、現代の複雑多様な社会において、過去の成功や考え方を踏襲するだけでは生き残っていくことは困難です。

だからこそ、イーロン・マスクのように過去にとらわれることなく、未来に向けてゼロベースで物事を考える力も、時には必要なのかもしれません。

運気アップ

常識や思い込みにとらわれず、時にはゼロから物事を考えてみる

「私」から「相手」へ利他的思考に切り替える

コロナ禍に参加した脳科学の学会で、画期的な研究が発表されました。

その研究とは、脳の中には「利他性」をもとに価値がつくられる回路があるというものです。研究者たちは「ブレインコイン」と名づけました。

ブレインコインの回路は、「頭頂葉」「前頭葉」「側頭葉」といった思考や感情を司る部位にまたがっており、一部は「デフォルト・モード・ネットワーク（ＤＭＮ）」と重なっています。

ブレインコイン回路は、脳の持ち主が他人やコミュニティのための行動をすると活性化することがわかったのです。

つまり、他人のことを考え、他人のために動くことで、脳内のブレインコインの回路が作動するというわけです。

「利他的に生きる」

こう聞いて、あなたはどう考えるでしょうか？

人間は、どうしても利己的になりがちなもの。ですが、むしろ他人のために努力することで運を引き寄せられるのです。

ここで、最近私がハマっているイギリスのあるテレビ番組をご紹介しましょう。

イギリスの政治家と官僚たちの闘いをユーモラスに描いた『イエス・ミニスター』（１９８０～１９８４年・BBC Two）という番組です。

その番組に、こんなシーンがありました。

官僚であれば誰もが憧れる「事務次官」というポスト。その後任者を決めなくてはならない状況で、現職の事務次官は次の事務次官のポストを狙う官僚たちに、「私の後任者は『正しい質問』ができる人でなければいけない」と告げます。

そして候補者たちと会話し、そのうちのひとりに「君が次の事務次官だ」と言うのです。では、どうやって候補者たちの中から次の事務次官を選んだのか？

正しい質問ができた官僚は退職する事務次官に対し、「次官、話はまったく変わりますが」と切り出しました。続けて「退職後はどんな仕事に就きたいですか？」と尋ねます。すると件《くだん》の事務次官は「そうだな、たとえばあの企業の社外取締役なんかいいかもね」「ロイヤルオペラの理事長も魅力的だな」「イギリスとカリブ海諸国の友好団体の会長とかもいいよね」などと答えます。

官僚はすかさず、「わかりました。なるほど。後任者が誰であれ、あなたが事務次官を退任した後、後任者はあなたがそのような仕事に就けるようにきっと取り計らうんじゃないでしょうか」と言います。

それで事務次官が「そうか？　話は元に戻るけれど、やっぱり私の後任は君がいいんじゃないかなあ」と、その官僚を次の事務次官に選んだというわけです。

「私の後任は君がいい」とお墨つきをもらったその官僚は、「自分ができること」については何も話しませんでした。逆に「あなた（事務次官）がしたいこと」を聞いたというわけです。

定年まで勤め上げた事務次官は、ハードな仕事はもうしたくないけれど、ポストやお金はほしいんですね。定年後の自分の姿が見えなくて不安な面もあります。

そのあたりの機微を汲み取って「退職後はどんな仕事に就かれたいですか?」とその官僚は質問したわけです。

これはパロディですが、「ブレインコイン」が発達している人は「自分がほしいもの」ではなく、「相手が望むこと」を見抜き、相手が望むように振る舞うことができる。

つまり、主語を自分ではなく相手に置けるということです。

どうすればこの「ブレインコイン」を活性化させることができるのか?

それは、日々の習慣づけとして「私が」ではなく「相手が」というように、主語を「私」から「相手」へと切り替えて物事を考えてみることです。

相手が本当に望むものはわからないかもしれませんが、そうした思考を重ねることで、利他的な脳を活性化させることができるようになっていくのです。

運気アップ

主語を「私」から「相手」へと切り替えて物事を考える

ゆるいTo Doリストを脳の中に用意する

仕事の優先順位を決めるとき、多くの人はしっかりした「To Doリスト」をつくって粛々とこなしていけばよいと、考えるのではないでしょうか。

私が意識していることはちょっと違っていて、いつも脳の中に「ゆるいTo Doリスト」を用意しておくということを実践しています。

独自のやり方ですが、紙やパソコンなどにTo Doリストを書き出したりせず、脳の中につねに変更可能なTo Doリストを用意して臨機応変にやるべきことをやるように心がけているのです。

いくらTo Doリストをきっちりつくっても、膨大な仕事を処理しなければならないので、なかなか予定通りにはいかないからです。

そんな経験は誰にでもあるのではないでしょうか。

短期的なものから長期的なものまで実に多種多様な仕事があって、優先的にやらなければいけないことはひとつではなく、むしろ複雑に入り組んでいるものです。

私の場合、原稿執筆から取材や講演、学会のための論文の読み込みなど、やるべき仕事は実に多種多様です。そのうえちょっと油断すれば、また新しい仕事の依頼が舞い込んできます。

そんなときに必要なのは、現状を踏まえながらも、瞬時に「もっとも重要なこと」に目を向けること。そこで、つねに頭の中で To Do リストのイメージを変化させていくことが肝心だと気づき、いつも脳の中にゆるい To Do リストを用意しておくという方法を取り入れたのです。

「頭の中に To Do リスト? 自分にはとてもムリ!」と思った人もいるかもしれません。けれども私は、これを単なる「慣れ」の問題だと考えています。

そこで、こんな習慣を身につける努力をしてみてください。

朝の就業前に、何にどれくらい時間を振り分けるか、その日の仕事を見通すトレーニングとして「あの仕事は本当にすぐやるべきか」などと脳内で段取りのイメージをつかんでおくのです。このとき、脳内To Doリストは固定したものにしないということを心がけてください。

そして、頭の中のリストを臨機応変に、ダイナミックに変えるためのトレーニングを重ねていくと、脳の中にゆるいTo Doリストを持てるようになっていくはずです。「何と何をやるべきか」ということを、ちょっとだけ深く考える思考癖を持つことが何よりも重要です。

脳の中にゆるいTo Doリストを用意していると、未来の行動にいろいろな可能性が広がってゆき、運を引き寄せる原動力にもなり得るのです。

一度やってみるとわかると思うのですが、いつも脳内To Doリストを整理していると、朝起きてから夜寝るまで、いかに自分のスケジュールがスキマだらけかということに気がつくはずです。

つまり、時間活用の可能性が大きく広がっていくという観点からもメリットが生まれるのです。いってしまえば、「一石二鳥」の思考法というわけです。

ここで、簡単に脳の中にゆるいTo Doリストをつくる秘訣をお教えしましょう。

運気アップ

脳の中にゆるい To Do リストを用意して未来の行動の可能性を広げる

私たちは普段、「自分が今やっているのは〇〇〇」と意識していることが多いと思います。まずはこのイメージを変化させることが肝要で、処理すべきさまざまな案件が無意識下で湧き出ているイメージを持ってみてください。

脳の仕組みからいえば、意識は多重構造であると考えられています。

今まさにあなたは目の前でやっている作業と並行して、意識の奥で別のことに注目しています。これがいわゆる無意識の部分というものです。

今やっていることに一〇〇パーセント集中しながらも、同時にやっていない他の案件も無意識の中で見えている。そしてタイミングに応じて、無意識下にあった他の案件を拾い上げてみる。

これが脳の中にゆるい To Do リストをつくる理想の状態だということを覚えておいてください。

猫まっしぐらで自分の欲に忠実になる

以前、札幌に出張したときの話です。

東京に帰る前に空港でお昼ごはんを食べようとして、「今日のお昼はなぜか無性にラーメンが食べたい気分だな」と思い、以前から気になっていた行列ができる有名なラーメン屋さんに行きました。

ところが、その日もやはり長い行列ができていて、「これは飛行機の時間に間に合わない……」と、断念したことがありました。

羽田行きの飛行機に搭乗した後も「あー、やっぱりあそこのラーメンが食べたかったなぁ」と後ろ髪を引かれたのはご想像の通りです。

生きていれば、私たちは実にさまざまな「欲」に直面します。

そして、それを理論化したのが「マズローの欲求5段階説」というものです。

アメリカの心理学者であるアブラハム・マズローは、人間の欲求には下から「生理的欲求」→「安全の欲求」→「社会的欲求」→「承認欲求」→「自己実現の欲求」という順に5つの階層があり、ピラミッド状の序列は低階層の欲求が満たされると、より高い階層の欲求を欲するという人間心理を提唱しました。

「あの店の○○はおいしい」と一度でも耳にすれば、たとえ長い行列ができていたとしてもついつい並んでしまう。長時間待たなければならないという苦痛が伴ったとしても、一度沸き上がった欲望を抑えることができない。

そのような人も意外と多いと思うのですが、実は欲望に忠実に生きるということは運を引き寄せるうえで必要なことなのです。

科学的な根拠はないのですが、私はなぜか人が集まる場所には運を引き寄せる何かがあると感じてしまいます。

しかもそれは、行列のできる飲食店に限ったことではありません。

たとえば、「学問の神様」として知られる湯島天神。

湯島天神は、正式名称を「湯島天満宮」といい、学問の神様である菅原道真公を祀《まつ》っている神社です。受験生に人気の神社として、毎年受験シーズンになると多くの受験生が参拝に訪れています。

以前参拝したときに、境内に奉納されている絵馬を見て、日本全国の受験生たちが参拝していることがわかりました。湯島天神の人気と信仰の深さを肌で感じたのですが、たくさんの人が集まるところには運も集まるものだと思ったのです。

そこには多くの人の気が運ばれてくる、つまり運気が集まっているのです。

その一方で、運を引き寄せたければ自分の欲に忠実になることをおすすめします。私のまわりにいる超一流と呼ばれている人は、とにかく自分の欲に忠実な人が多いというのも理由のひとつにあげられます。

ただし勘違いしてほしくないのは、ここでいう「欲」とは物欲や所有欲のことではありません。

たとえば、「多くの人のためにいい仕事をしたい」「人のためになる社会をつくりたい」、さらには「自分をもっと成長させたい」といった欲であること。彼らはまさに「猫まっしぐら」といった感じで、他人の目を気にせず進みます。

運気アップ

運を引き寄せたければ、遠慮せずに自分の欲に忠実になってみる

さらにいえば、自分の欲に忠実な人というのは、同じように日頃から欲に忠実な人と人間関係を築いているものです。

私のまわりでは、堀江貴文さんやひろゆきさんがその好例でしょう。

するとどうでしょう。やはり彼らのまわりには必然のようにたくさんの人が集まり、多くの気が運ばれることで、運気がどんどん上昇するのです。

自分の欲にふたをしていたり、自分の限界を勝手に決めつけているような人には、「ほしいものがあったら猫まっしぐらで全力で取りに行く」ということを強くおすすめしたいのです。

普段から自分の欲を明確に意識してみる。欲が沸き上がってきたら、それを抑え込まずに真剣に向き合ってみてもいいと私は思うのです。

自分はいつも好景気、思考の再解釈を忘れない

30歳を過ぎたあたりから、自分の人生はいつも「好景気」だなと思って生きています。逆にいえば、私の人生には不景気で落ち込むことがなかったということ。つねに楽しく高度成長しているような気分です。

客観的に見れば、私の人生にも浮き沈みがあるのはたしかです。

たとえば、以前ツイッターで「日本のお笑いはオワコン」とつぶやいてネットで炎上したことから、地上波テレビで干されたと思っている人もいるかもしれません。

ですが、テレビに出なかったらそれなりに、英語の本を書くようになったり、英語のポッドキャストやYouTubeの取材を受けるようになったり、「案外こっちのほう

が楽しいよな」と強がりでも何でもなく、思ったりしている自分がいます。

他にも、昨年の春から東大の客員教授として教育研究活動をしたりと、テレビに出なくてもそれなりに楽しく充実しているわけです。

そんな私も昔は「心の不景気」に落ち込んだ時期がありました。

ひとつは、大学進学を決めたときです。

当時高校生だった私は、「日本よりアメリカのほうが断然エキサイティングでしょ！」と思っていたので、アメリカに留学したかった。

ところが、その時代というのはまだ今のようにグローバルではなく、海外の大学で学ぶということがまれな時代だったので両親に反対されて、何となく「あー、じゃあやめとくか」と断念しました。そこには自分の意志の弱さもありました。

結局、私がイギリスに留学したのは30歳を過ぎてからでした。

今思えば、もしあのときアメリカの大学に行っていたら、単なる根無し草になって自分のアイデンティティがよくわからなくなっていたかもしれません。

そうなれば、今のようなキャリアを歩むこともできなかったでしょう。

そしてもうひとつが、東大の法学部に進んだことです。

東大の法学部に進んだことがなぜ心の不景気だったのかといえば、当時好きだった人が他大学の法学部で、私も人並みに恋愛にのめり込んでいたということです（苦笑）。結局、その彼女は他大学の弁護士志望の学生に持っていかれてしまい、2年間を無駄に過ごしてしまいました。

一方で、それまで物理など科学一辺倒だったのが法学部に進んだことで、物事に対する異なった見方・考え方を身につけることができたと思うこともあります。

またそれがなければ、今の私のような社会的な活動はなかったかもしれません。

過去には心の不景気で落ち込んでいた私が、なぜ今自分の人生はいつも好景気だなと思って生きられるようになったのか。それは、どんな状況であっても「自分はいつも好景気だ」というように思考の再解釈をしているからです。

脳科学の言葉で「リアプレイザル（reappraisal）」といいます。

そしてこれにより、私は感情をコントロールする前頭葉の再解釈という機能をうまく活用できるようになったのです。

他方で心が不景気になると、無気力になって「いかに生きるべきか」「何をなすべきか」「そもそも何ができるのか」などと、うだうだ考えてそれ以上前に進めなくなってしまいます。誰しも一度はあるのではないでしょうか。

当時の私も、心の安定を保とうと試みたのですが、あれこれ考えてなかなか自分の考えがまとまらず前に進むことができませんでした。

それでもあるとき開き直って「こんな自分でもやれることはたくさんある。いつも好景気だと考えよう」と思考の再解釈をしているうちに、次第にそれほど落ち込まなくなっていきました。

それ以来ずっと、心の好景気を保てるようになっていったのです。

前頭葉の再解釈で大事なポイントは、朝起きたときから夜眠るときまで、自分がやれることを夢中になって実行する。次にやることに意識を集中して、できれば我を忘れる。そのような心がけができると心の景気が安定し、好景気が続くようになっていきます。

運気アップ 落ち込んだときこそ、物事の見方を変えて思考の再解釈をする

NSE

NSE

行動習慣 8

感じる SENSE

運を放流するように「ギブアンドテイク」する

「ギブアンドテイク（Give and Take）」

よく耳にする言葉ですね。

直訳すれば、「与え合うこと」「持ちつ持たれつ」などという意味ですが、この言葉には運を引き寄せるヒントが隠されている気がします。

ギブアンドテイクというのは「自分が利益を得たければ、相手にも利益を与えること」であると思っている人が多いのではないでしょうか。

これは人間の心理として間違ってはいないでしょう。むしろ、当たり前に抱く感覚なのかもしれません。

でも、これが見返りを求める言動や態度に出てしまうとどうでしょう。

たとえば誰かに協力してもらいたいとき、「前にあなたのことを助けたことがあるんだから、今回はちゃんと私のことを助けてよ」などと言ってしまったら、相手から「見返りを求めるために私を助けたのか」と思われてしまうわけです。

その一方で、名だたる成功者たちはギブアンドテイクではなく、よく「ギブアンドギブ（Give and Give）」の精神が重要だと説いています。

ギブアンドギブとは、自分は何の見返りも求めずに、相手に何かをしてあげるということ。友人であるホリエモンこと、堀江貴文さんは自身の著書の中でこのようなことを書いています。

「信用を得るためには、相手と『ギブ＆テイク』という関係性を築くだけでは足りない。『ギブ＆ギブ』、おまけに『ギブ！』くらいの気構えが必要だ。相手に惜しみなく与える。見返りなど期待せず、相手の想像をはるかに超える何かを与えることこそが、信用を得る近道だ」

なかなか大胆な見解ですが、ただこのような考え方では「人生損ばかりしてしまいそう」と思った人もいるでしょう。ですがこのことは、実は人間の心理を突いているので、結果として損することはないのです。

人は何らかの施しを受けた場合、お返しをしたくなるという気持ちに駆られるものなのです。これは人間が本能的に持っている感情であり、心理学用語では「返報性の原理」と呼ばれています。

こうしたホリエモンの言葉に感化されて、「よし、自分もこれからギブアンドギブの精神で人に与えて、与えて、与えまくって生きていこう。そうすれば誰かがきっと自分に何かを与えてくれるはずだ」と考える人も中にはいるのではないでしょうか。

残念ながらこのように考えるだけでは、運を引き寄せることはできません。

これは偽物の「ギブアンドギブ」だからです。

本当の意味で「ギブアンドギブ」ができている人は、つねに相手のためになることを考え、相手に喜ばれるものを与えることを目指しています。

そのうえで良好な人間関係を構築し、結果として自分にも大きなリターンになるような感覚を自然に身につけているのです。

つまり、自己犠牲ばかりにならないギブアンドギブ、すなわち運を周囲に放流するような「ギブアンドテイク」。これこそ、結果として強運を呼び込むことができる人との関係のつくり方です。

それを実践していたのが、安倍晋三元首相でした。

なぜ安倍さんが「安倍一強」と呼ばれ、安定した長期政権を築くことができたのか？

私はかつて安倍さんと会食し、そのことを知る機会に恵まれたことがありました。

安倍さんは、人の欲の把握とそのコントロールに非常に長けていたのです。

たとえば、政治家は実現したい政策について自分の意見を押し通そうとするわけですが、安倍さんは周囲のそうした政治家の「欲」みたいなものをうまくコントロールして、広い視野から政策を進めていける感覚の持ち主だったのです。

普段からギブアンドテイクで周囲に運を放流する感覚で行動すると、心に余裕が生まれます。そうすれば、きっと大きなかたちとなって、最終的には強運があなたのもとにやってくるはずです。

運気アップ

相手のためになることを考え、相手に喜ばれるものを与えることを考えてみる

運気の波が来たときは
慎重かつ大胆にキャッチする

「運も実力のうち」

続いては、この言葉について考えてみましょう。

普段持っている能力以上の成果を上げることができたとき、私たちは「運も実力のうち」といったことを口にします。

では、運も実力のうちで強運を呼び込める人というのはどんな人でしょうか。

運気が近づいてきたなと感じたときに機敏に勘を働かせ、慎重さと大胆さを兼ね備えて、その運をキャッチできる人だと私は考えています。

ここで、ひとつ興味深い事例をご紹介しましょう。

ジェームズ・ワトソン。

アメリカの分子生物学者で、ＤＮＡの二重らせん構造を発見した功績により、フランシス・クリック、モーリス・ウィルキンスとともにノーベル生理学・医学賞を受賞した人物です。

実は、ワトソンの功績を語るうえで欠かせない人物がもうひとりいます。

イギリスの女性研究者だったロザリンド・フランクリンです。

フランクリンはロンドンで生まれ、裕福な家で育ち、知的で容姿端麗な女性に成長。イギリスでも名高いケンブリッジ大学に入学すると、つねにトップクラスの成績を収めて卒業します。

女性が研究者になることが困難だった時代でしたが、故郷であるロンドンに戻り、ロンドン大学キングズ・カレッジに職を得て、彼女はひたすらＤＮＡのＸ線写真解析に打ち込む研究者となったのです。

そのひたむきな研究に対する姿勢と日々の努力が実を結び、フランクリンはＤＮＡの二重らせん構造の解明につながるＸ線回折写真の撮影に成功します。

彼女はその写真を、キングズ・カレッジの講義に参加していたワトソンとクリックに見せたのです。

その写真を見たワトソンは、DNAが二重らせん構造を持っていることを確信し、DNAの二重らせん構造に関する論文を科学誌「ネイチャー」に発表してノーベル賞を受賞しました。

このことを知って、フランクリンもノーベル賞の受賞者として名を連ねてもおかしくないと思った人もいるでしょう。彼女が撮影に成功したX線回折写真が、世紀の発見へとつながったのは明らかです。

ですが、残念ながらロザリンド・フランクリンは卵巣がんで病に倒れ、37歳の若さで他界していたのです。

現在、DNAの二重らせん構造の発見に関するロザリンド・フランクリンの功績については正当な評価がなされています。

一方のワトソンはといえば、当時世界中の多くのメディアから「ワトソンとクリックはフランクリンの研究結果を盗んだ」というレッテルを貼られ、集中砲火を浴びたこともありました。

私はこうした見方に対して、「運も実力のうち」という言葉がワトソンにぴったりとあてはまる気がするのです。

運気が近づいてきたなと感じたら機敏に勘を働かせて、強運をキャッチする

ワトソンがノーベル賞を受賞するにいたった発見には、フランクリンが撮影したX線回折写真がヒントになったことは確かでしょう。

一方で、ワトソンがDNAの構造を明らかにすることを最優先に研究に打ち込んでいたからこそ、フランクリンが撮影したX線回折写真の中にあったヒントに気づけたのです。これは紛れもなくワトソンの実力以外の何物でもありません。

ワトソンのように「運も実力のうち」といわれるためには、いかに目の前に転がってきた運をキャッチできるかどうかです。

運気の波が来たときに、そのチャンスを逃さず慎重かつ大胆にキャッチする感性はとても重要です。人によってはまったくその運気に気づかず、ただ見送ってしまうこともあるからです。

一発屋を超えるなら大衆的な感性を忘れない

「ビギナーズラック」

さまざまな分野において初めてにもかかわらず、誰もが驚くような結果を出すことを指す言葉です。

たとえば、ギャンブルの初心者が大当たりを出したり、初めて釣りに行った人が大物を釣り上げたときなど、ビギナーズラックという言葉を用いて称賛するわけです。

もちろん、ビジネスの世界でもビギナーズラックという言葉は使われています。

入社したての新入社員が大口の契約をとったときなどがそうです。

では、ビギナーズラックの正体は何なのか。

本人の実力とは不釣り合いなほどの大きな成功は、どうしても周囲にいい印象を与えやすいため、一見すれば強運を呼び込んでいるように見えるわけです。

ただし科学的には、ビギナーズラックは、人間には計り知れない「偶然の産物」であるとしか言いようがありません。

ところで、このビギナーズラックという言葉、芸能界では「一発屋」と呼ばれることもあります。一発屋とは、1曲だけ売れた歌手や一芸だけが流行した芸人などのこと。一時的に大活躍するも、その後はヒットしない、またはその業界からひっそりと消えていった人を指す俗語です。

「ビギナーズラックだって、一発屋だって、一度でも大きな運を引き寄せているだけマシじゃないか」というふうに考える人も少なくないかもしれません。

脳科学者の私にとって興味深いのは、「ビギナーズラックや一発屋と呼ばれる人と、連続してヒットメイクできる人にはどんな違いがあるのか」ということです。

このことについてしばらく考えていました。そして、次の結論に達したのです。

「ビギナーズラックは偶然の産物。連続ヒットメーカーは必然的な実力」

少々たとえが古いかもしれませんが、かつて大人から子どもまで幅広い年齢層から絶大な人気を誇った「ピンク・レディー」という女性デュオがいました。

往年のオーディション番組『スター誕生!』からデビューを果たしたピンク・レディーは、派手でキュートな衣装とダンスで人気に火がつき、それを子どもたちがマネして社会現象になるほどでした。

デビュー曲『ペッパー警部』を皮切りに新曲を出すたびに大ヒット。その歌を手掛けていたのが、昭和のヒットメーカーと呼ばれた阿久悠さんと都倉俊一さんの名コンビです。

独特の世界観を表現する阿久悠さんの詞に、一度聴いたら忘れられない都倉俊一さんのメロディーを乗せた楽曲は、1977年8月の第3週から1978年2月の第3週までの28週のうち、実に27週にわたってピンク・レディーの曲が1位を獲得するという異常事態ともいえる一大ムーブメントを巻き起こしたのです。

そんなピンク・レディーも、デビュー曲の『ペッパー警部』が売れたのはビギナーズラック的な要素があったのはたしかでしょう。実際に、デビュー当時はまったく期待されていなかったという話も聞きます。

派手な衣装やダンスの印象があるピンク・レディーですが、『スター誕生!』ではオーバーオールを着てフォークソングを歌っていました。阿久悠さんと都倉俊一さんがコンセプトを大きく変更したことで、ピンク・レディーは成功したといわれているのです。

ビギナーズラックから連続して強運を引き寄せる要素とは何か？

私は「大衆的な感性」を大事にすることだと思うのです。

現代でいえば、ＡＫＢ48をプロデュースした秋元康さんや、ベストセラー作家の林真理子さん。このふたりを見てみると、あくまでもごく普通の人の感覚を失っていないと感じます。だからこそ多くの人にウケるものを世に送り出せるし、連続してヒットを出し続けられるのです。

大衆的な感性を忘れずに持つというのは、クリエイティブに生きる人間が強運を呼び込むうえで重要な心構えなのではないでしょうか。

運気アップ

ヒットを狙うなら大衆的な感性を大事にすることを忘れない

自分と対話して「内なる声」を拾う

「今日は何が食べたいのか?」

自分と、こんなふうに対話していますか?

実はこれ、心理学でいう「スペシフィック・ハンガー(特殊飢餓)」というものです。人間は無意識のうちに、自分に必要な、または足りない栄養素を感じていて「今日は何となく○○が食べたい」とバランスをとろうとします。

こうした現象は、脳科学の世界にもあります。

「脳腸相関《のうちょうそうかん》」というものです。

食事には人を元気にする力がありますが、腸の健康状態が脳のパフォーマンスに大きく影響しているという研究が近年注目されています。

腸は本来、食べ物を消化して栄養素を吸収する器官です。一方で、腸にはそのような消化器官としての役割に加えて、脳と同じように思考を司り、情報の処理・伝達を担う神経細胞が存在していることがわかってきたのです。

この神経細胞は、腸管神経系と呼ばれる独自の神経ネットワークを形成していて、脳からの指令がなくても、あたかも自発的に考えて活動するかのような働きをしているといわれています。

いわゆる、腸が「第二の脳」といわれる所以《ゆえん》です。つまり、脳と腸はお互いに情報を交換し合い、影響を及ぼし合っているということです。

たとえば、ストレスや緊張を感じるとお腹が痛くなることがあるでしょう。これは脳が自律神経を介して、腸にストレスや緊張といった刺激を伝えるからです。

それと同じように、「今日は何が食べたいのか？」と脳から腸へ指令を送ると、腸は足りない栄養素の情報を脳へ送る。それによって、「今日は何となく○○が食べたい気分だな」と考えるわけです。

私はよく、お昼どきになると「今日は何が食べたいのかな？」と自分のカラダと対話しています。脳腸相関という観点から足りない栄養素を感じることが目的ですが、実はもうひとつ大事な役割があります。

食事に限らず、あらゆることに対して、カラダからのシグナルを拾うレッスンにつながるということです。

ポルトガルの神経科学者であるアントニオ・R・ダマシオが「ガッツ・フィーリング（内臓感覚）」ということを提唱しましたが、人間は脳だけではなく身体感覚からのシグナルを拾うことで物事の判断をしていて、そのことが研究結果から明らかになっているのです。

たとえば、単に言語化・可視化されている情報からだけでなく「その場の空気」を読んだり、ビジネスに必要な「インスピレーション」や「何となくこう感じるな」といった直感的なものを鍛えられるかどうかが、運を引き寄せるかどうかの分かれ道になることだってあるのです。

「いかに内なる声を拾えるか」

これを日常的なレッスンとして取り組むもっとも簡単な方法が「今日は何が食べたいのか？」と自分のカラダと対話することなのです。

「今日は何が食べたいのかな？」と自分のカラダと対話してみる

池波正太郎の名著のひとつに、『散歩のとき何か食べたくなって』（新潮文庫）というものがあります。

稀代の食通としても名高い池波正太郎は、全国各地に行きつけの店を持っており、この本にはそれらが次から次へと登場するのですが、単なる「グルメガイド」ではありません。彼もまた、歩きながら「今日は何食べようか」と自分のカラダと対話していたのではないでしょうか。

そしてそのことが、国民的小説となった『鬼平犯科帳』（文春文庫）をはじめ、数々の名作を世に送り出せた原動力であったように思います。

カラダが欲しているものを食べることで、栄養を補うだけでなく、脳が喜ぶことで脳内伝達物質ドーパミンが出る。

まさに一石二鳥にも、三鳥にもなるのです。

感性を磨くには「好き」「嫌い」を大切にする

現在、人工知能（ＡＩ）がものすごい勢いで進化しています。

そのため、「人工知能が人間の能力を超えたらどうなってしまうんだろう」と考えている人も多いのではないでしょうか。

「私たち人間の仕事が奪われる？」

「いや、今よりもっと便利な世界が広がるのでは？」

こんなふうに、さまざまな見方が飛び交っています。

せっかくですから、ここであなたも考えてみてください。

「人間にできて、人工知能にできないことって何でしょう？」

私が一番に思うことは、「感性を磨く」ということ。この先いくら人工知能が進化したとしても、到底人間には勝てないような気がするのです。

「感性を磨く」と聞くと、一見不確かであいまいなものと思われがちですが、実は一流のクリエイターは、自分の感性についてしっかりした認識をお持ちのようです。

かつて『プロフェッショナル 仕事の流儀』や『TOKYO DESIGN WEEK.tv』といったテレビ番組のMCをやらせていただきましたが、これらの番組には実にさまざまな分野で活躍するクリエイターがゲストで出演してくださいました。

そのような方々から一貫して受ける印象は、みなさん優れた感性をお持ちだなということです。何気ない日常の一瞬の出来事から、仕事につながる重要なヒントを感じ取る。何よりその感じ方が素晴らしいのです。

では、どうやって感性を磨けばいいのか？

実はそれほど難しいことではありません。

とにかく自分の「好き」「嫌い」を大切にするということ。まずは「嫌い」よりも「好き」を強く意識してみてください。

「好き」「嫌い」が重要なのは、何もクリエイターに限ったことではありません。ビジネスパーソンでも学生でも、専業主婦であっても「自分はこれが好き」を意識することは、「今を生きる」私たちにとってとても大切なことです。

人工知能が発達した未来には、自分の「好き」「嫌い」が人生の選択や方向性を決めるうえで大きな意味を持ってくると思われるからです。

私の専門は、脳科学の中でも「クオリア」に関わる領域です。

たとえば、何かを好きと思ったときの「好き」という感覚を脳がどう捉えているのか、ということを研究しています。

この「好き」「嫌い」という感覚は言葉にもできなければ、数値化することもできません。感覚をクオリアとして覚えていくしかないのです。

私たちの「好き」「嫌い」には、固有のクオリアがあります。

しかも、好みというのは時代や環境によって変化します。だからこそ、いろいろな経験をしたり、たくさんのものに触れて、それを自分の中で消化して整理する。

そうすることで、感性が磨かれていくのが直感的にわかるようになります。とにかくいろんな種類のクオリアを知ること。これ以外に感性を磨く方法はないのです。

今後、あらゆるものが人工知能によって取って代わられるでしょう。

「好き」「嫌い」を大切にして、「嫌い」よりも「好き」を強く意識してみる

しかし、それでも「足りないもの」はあるはずです。たとえさまざまなものが人工知能によって取って代わられる時代になっても、人間は変わらず悩んで、迷って生きていかなくてはなりません。

そのとき、私たちは感性で何をつかみ取り、どう表現するのか？　なにが美しいのか、よい方向なのか。感性にもとづく判断は人工知能の助けを借りることもできないし、代替もできません。だからこそ、私たち人間が担っていくしかないのです。

もちろん、正解はありません。知識だけでも決して補えません。自分で何かを感じて動くことを積み重ねるしかないのです。

他人の意見に流されず、たとえ判断を間違ったとしても、「今、ここ、目の前」に没入することで感性というものは磨かれていくはずです。

HETIC

HETIC

AEST

行動習慣9

観る AESTHETIC

AEST

広く知ってもらうには「勝負球」の投げどころを考える

美意識――。

人やものの美しさを感じる心や、創り上げようとする考え方を表した言葉です。最近では男女問わず、美しいものに敏感な人に対して「あの人は美意識が高い」などと、日常的によく使われるようになりました。

そんな美意識のオピニオンリーダーといえば、『世界のエリートはなぜ「美意識」を鍛えるのか？』（光文社新書）がベストセラーになった山口周さんでしょう。

私の周囲で「美意識について提唱している山口周さんという魅力的な人いるらしい」とザワザワし始めたときのことを今でも鮮明に覚えています。

このベストセラーの誕生秘話について、直接ご本人とお話しする機会があったので少しだけご紹介しましょう。

山口周さんいわく、「美意識」をテーマにした本を書いたことは、ご本人にとって画期的だったようです。

この本を書く以前の山口周さんは、電通出身でコンサルタントというキャリアから想像されるオーソドックスなテーマのビジネス書を書かれていたそうです。

おそらく周囲からもそういったテーマを求められていたのでしょうが、読者はすでにそうした本に対して飽きていた。

そこで山口周さんは思い切って、自分が今本当に書きたいことを「勝負球」として出版社に提案したというのです。

それまで定番テーマのビジネス書を書いていた山口周さんが「美意識をテーマにした本を書きたい」と言ったとき、編集者からすぐ「山口さん。それは売れないですよ」という反応が返ってきたそうです。

ところが、いざ出版するとじわじわと反響が広がっていき、結果としてベストセラーになり、高い評価を得られました。ここ一番の勝負球で強運を呼び込んだのです。

山口周さんのサクセスストーリーは、多くの人が「どうすれば世の中で評価されるのか」を考えるうえで参考になるはずです。

ユニークで画期的なアイデアを発する人は、すぐには気づかれなかったとしても、アイデアが本物であるなら、その本質は徐々に認知されていくものだからです。

私はこの展開を「ビートルズ戦略」と名づけました。

ビートルズは20世紀を代表するイギリス出身のロックバンドで、世界中で一大ブームを巻き起こし、ロックの歴史を塗り替えました。

それほどまでに世界中で人気を博した最大の要因は何でしょうか。

それは、世間の人たちを飽きさせないために、最適なタイミングで勝負球を投げられるかどうかにかかっていると考えられます。

ジョン・レノンやポール・マッカートニーの才能に任せて曲を出し続け、それが運よく当たったというだけではありません。

ビートルズの曲の選定やレコードの発売をつぶさに調べていくと、ここ一番の勝負球の痕跡が見てとれます。

たとえば、ビートルズのデビュー曲『ラブ・ミー・ドゥ』はいつ聴いても心地よく、大衆ウケする曲です。だから一気に知名度を上げるためにデビュー曲に選んだのでしょう。2曲目は『プリーズ・プリーズ・ミー』です。アップテンポ調でメロディーが美しく、ビートルズらしい1曲といえます。

実はこの2曲目が勝負球となり、ビートルズという存在が一気に世間に知れ渡ったと私はみているわけです。

勝負球をうまく使うビートルズ戦略は、ビジネスで商品やサービスを世に送り出すときにとても参考になると私は考えています。

どの業界であっても、今の時代はまず認知されることが難しいといわれています。ですが、それを打破するためのカギは世間の人を驚かすような「勝負球」をどこで投げるかにかかっているのです。

運気アップ

最適なタイミングで勝負球が投げられるかどうかを考える

不完全さを受け入れて「金継ぎ」の美しさを知る

「美意識」と聞いて、私がパッと思い浮かべるのは千利休《せんのりきゅう》です。

利休が発見した「わび」「さび」の概念は、世界中で尊ばれ、好まれる美意識のコンセプトといえます。

ちなみに、この「わび」「さび」の意味をご存じでしょうか。

「わび」とは、足りないものに美を見出すことです。

それまで中国から来たような立派な茶器を使っていたのに、裏の竹やぶからとってきた竹で茶杓《ちゃしゃく》をつくったり、花生けをつくったりして、「そのようなもので節《ふし》があってもいいのだ」と千利休が道を開いたのが「わび」です。

「さび」とは時間の流れとともに変質していったものに美を見出すことです。

経年変化で質が劣化したように見えても、かえってそれがいいのだという美意識です。茶碗だったら伝世品で人から人に使われる間に「景色」になるのがいいし、漆器などでも剥げたりしたものが美しいと感じることです。

「さび」の美意識の極致は、東大寺二月堂のお水取りで使われるようなまるいお盆の上の朱の漆が剥げて下の黒の漆が所々見えてきて、それが景色になっているいわゆる「根来《ねごろ》」の美で、「日の丸盆」と呼ばれるものです。これを美しいと感じてきた先人たちの感性自体が美意識に相当します。

そうした美意識を見出し、論理立て、「わび」「さび」と名づけたのが千利休だったのです。

私はよく、外国のデザイナーや文化関係者と話す機会があるのですが、この「わび」「さび」は国境を越えて、彼らの中でトレンドになっていることに気づきます。

ところが、肝心の私たち日本人は忘れがちです。したがってときどきは振り返り、引き続き大切に育てたい概念だと私は思っています。

古くから日本で受け継がれてきたものを大切にする文化が、今あらためて世界中から注目を集めているのですから。

ひとつ、好例をあげましょう。

「金継《きんつ》ぎ」という言葉をご存じでしょうか。

金継ぎとは、欠けたり割れたり、ひびなどで破損してしまった器を漆と金粉を使って修復する日本の伝統技法のことです。

金粉を蒔いて仕上げをすることで、継ぎ目が新たな模様となり、より味わい深い器になるのです。

以前、こんなことがありました。

私の友人に、父方の祖父は白洲次郎、祖母は日本の美について多くの名著を残した随筆家の白洲正子、母方の祖父は文芸評論家の小林秀雄という日本の文化界きってのサラブレッドで、アートプロデューサーの白洲信哉さんがいます。

白洲さんを囲んでお酒を飲んでいたとき、とても貴重な黄瀬戸《きせと》の杯が落ちて割れてしまったのです。慌ててみんなでそのかけらを拾い集めたのですが、小さなかけらがひとつだけ見つかりませんでした。

それからしばらくしてから、白洲さんがその杯を金継ぎして持ってきて、私に見せてくれました。それは見事に修復されており、むしろ前のものよりも味わいが増したような気がしました。

器が欠けたり、割れたりしても、それを丁寧に金継ぎして大切に使う。

そこに、私たち日本人が忘れかけている美意識があると感じました。

中国陶器などは、完全なる幾何学的な美を理想としていて、それが失われるとどうしても価値が下がってしまうのですが、日本ではこのように金継ぎをして、むしろ価値を深めて高める文化的な習慣が昔からあったのです。

「金継ぎ」のようなものを大切にする美意識を、日常の精神に取り入れてみてはいかがでしょうか。

不完全さや至らなさを受け入れて、そこに美を見出す。

「金継ぎ」の精神は、運を引き寄せるヒントになるかもしれません。

運気アップ

古くから受け継がれてきたものを大切にする文化に今こそ目を向ける

閾値を超えたところに美意識が存在する

「なんかおもしろいな」

このようなあいまいな感覚を、誰もが持っています。

「美意識」と聞くと、伝統芸能や文化・芸術など、堅苦しいものばかりを連想する人もいるかもしれませんが、私はもっと幅広い領域に存在していると考えています。

私の場合でいえば、YouTubeがその一例です。

「ミスター・ビースト（MrBeast）」というユーチューバーをご存じでしょうか。

まだ日本ではそれほど知名度は高くないのですが、ミスター・ビースト（本名はジミー・ドナルドソン）は、チャンネル登録者数1億人を誇り、今世界でもっとも稼いでいるといわれているアメリカ出身のユーチューバーです。

「フォーブス」が発表した２０２２年のユーチューバー年収ランキングで1位を獲得、弱冠23歳で年収５４００万ドル（約62億円）を稼ぎ出し、ユーチューバーとして史上最高額を記録したといいます。

なぜ、彼のチャンネルがこれほど人気を博しているのか？

それは「本物の刑務所で50時間生活してみた」「生き埋めで50時間過ごしてみた」など、突拍子もない企画を大きなスケールで撮影しているところが視聴者にウケているからです。

その一方で、他人を助けるためのお金を惜しみなく使っているところも人気の理由のひとつだと私は考えています。寄付を通じた慈善活動を積極的に行い、ホームレスの男性に家をあげたりと、YouTubeで得た収益で他人を幸せにしようと尽力するその謙虚な姿勢がミスター・ビーストの人気を支えているのでしょう。

私は彼のそうした活動にある種の美意識すら感じます。

もうひとつ、私が感心したのが「ライアンズ・ワールド（Ryan's World）」です。ミスター・ビーストの過激な動画とは異なり、こちらは子どもがおもちゃで遊んだり、科学実験や知育アニメーションといった教育的なコンテンツを発信しているのが特徴です。

まだ「キッズ・ユーチューバー」が珍しかった2015年に動画配信をスタート。当時は主人公のライアンくんがおもちゃで遊ぶ様子を撮影するというシンプルなものでした。

なぜ、そんな小さな子どもがYouTubeチャンネルを始めたかというと、あるときライアンくんがYouTubeを観ていて「なんで僕はYouTubeに出ていないの?」と自分から出たがったことから、お母さんが「じゃあ、あなたもYouTube動画を撮ろう」といってスタートしたそうです。

この「ライアンズ・ワールド」は、いわば王道系のキッズYouTubeです。

なぜ私がこのチャンネルに美意識を感じたかというと、主人公のライアンくんの純粋なかわいらしさもそうですが、両親の子どもを育てる姿勢が印象的だったからです。

ライアンくんが興味のあることを動画の企画として考えて、子どもの好奇心を伸ばそうとするご両親の熱意が、世界的なキッズ・ユーチューバーを生みだすことにつながったのでしょう。

「なんかおもしろいな」と思うまでちょっとだけ我慢してみる

ところで脳科学的に、美意識は「たくさんのものを見聞きした統計的な平均からできている」という明確な定義があります。この定義が意味するところは、たくさんのデータサンプルが脳の中になければ美意識は磨かれないということです。

私はよく、「おもしろさの閾値《いきち》」という言葉を使っています。

たとえば物理好きにはたまらない「量子力学」という学問がありますが、普通の人が量子力学に興味を持って「なんかおもしろいな」と感じるまでにはそれなりの時間がかかるものです。

だから、どんなことでも「なんかおもしろいな」と思うまでちょっとだけ我慢してみる。そこを超えたところにおもしろさがあり、さらにその先に美意識が存在するのだと思います。

探究すべき興味を持っていなかったもの

「偉大なる発明王」と聞くと、アメリカの発明家であるトーマス・エジソンの名前を思い浮かべる人が多いのではないでしょうか。

何を隠そうエジソンは、幼い頃から「なぜなぜ少年」で有名だったそうです。

「なぜ、そうなんだろう?」という疑問や「もっと知りたい!」という欲求をあまりにも強く持っていたため、時には学校の先生を質問攻めにして授業を遅らせることがあったというほどですから、個性的な子どもだったことはたしかです。

そして、ついには学校の先生から見放されてしまい退学になってしまいます。

それからは、もともと教師であったエジソンのお母さんが先生役となって、家庭で勉強を教えていたという逸話が残されています。

お母さんは、エジソンの「なぜ?」「知りたい!」という欲求に対してできる限り丁寧に、理解できるようになるまで説明したといいます。

このように、お母さんの愛情あふれた教育を受けたエジソンは、次第に科学への興味を強めていき、疑問を持ったら何でも自分で探究できる子どもへと成長。発明王への階段を一歩ずつ上っていったというわけです。

ここであなたに質問です。

エジソンが抱いていた「なぜ?」「知りたい!」という探究心は、何か特別なことでしょうか。いいえ、私はそうは思いません。エジソンに限らず、本来私たちだって子どもの頃は同じだったのではないでしょうか。

もともと子どもは探究心の塊です。そして、自分がまったく知らなかったことを知れば、さらにその先にある「何か」を自然と知りたくなるものです。

それなのに多くの人は大人になるにつれて、子どものときの「なぜ?」「知りたい!」という欲求をどこかに置き忘れてきているのではないでしょうか。

大人になっても、「なぜ?」「知りたい!」という欲求にあふれている人はいます。

たとえば、自分が知らなかったものや新たに興味を抱いたものを探究し、突き詰めることで美意識という領域までたどり着いた人にお会いしたことがあります。

私がパーソナリティを務めるラジオ番組にゲストとしてお招きした「クラフトコーラ」をつくっている「世界でたったひとりのコーラ職人」小林隆英《たかひで》さんという方です。

私はそれまで、「コーラって、あの炭酸飲料水でしょ?」くらいの感覚しか持っていませんでした。

ですが、小林さんにお話をうかがった後は「あー、普段まったく気にもしていなかったコーラにも、ちゃんと美意識というものが存在している」ということを痛感し、私は「もっと知りたい!」という衝動に駆られたのです。

小林さんは幼少期から人を驚かせることが好きで、小学生時代は「アイデアマン」と呼ばれていたそうです。

大学卒業後は大手広告代理店でイベントプロデュースなどに携わっていたそうですが、「コーラ愛」に目覚めたきっかけは自身の偏頭痛でした。偏頭痛にはカフェインが効くと聞いてコーラを頻繁に飲むようになり、コーラの味に目覚めたのです。

そして、世界各地の「ご当地コーラ」を飲み比べるために、3カ月かけて30カ国を巡ったそうです。

コーラマニアの小林さんがたまたまネットで100年以上前に書かれたコーラのレシピを見つけ、ご自身でもコーラをつくることに。それ以来、コーラづくりが日課になった小林さんは少しでもおいしいコーラがつくりたくて、スパイスの種類や配合にも工夫を凝らしているうちに会社を辞めて起業したといいます。

小林さんがつくるクラフトコーラは、フードトラックでの移動販売から始め、今ではデパートや飲食店などへと展開し、着実にその販路を拡げているそうです。

小林さんの野望は大きく、「世界で3本の指に入るコーラブランドに育てる」ことを目標にして日々奮闘しています。

探究心の先に見つけた自分なりの美意識に巡り合えるのは素晴らしいことだと思います。あなたも何かを突き詰めてみてはいかがでしょうか。

運気アップ 大人になっても、「なぜ?」「知りたい!」という好奇心を忘れない

粋の精神は歌舞伎を観て磨く

「まったく。最近の若いもんは……」

これは昭和の頑固オヤジの決まり文句でしたが、最近ではこのようなことを若者に言って叱る年配の人がいなくなったように感じます。

たしかに今の学生と話していると、とにかく素直で真面目。一方で、いわゆる「意識高い系」でつねに向上心があって、実力以上に自分を大きく見せようとアピールする傾向が強い人が少なくないと感じます。

そこで、私が令和の頑固オヤジとなり、今の若者たちにビシッとひと言モノ申しましょう！

「まったく最近の若いもんは！　表面だけ取り繕おうとして上滑りしているぞ！」

誤解がないように一応ことわっておきますが、私は何も今の若者に不満をぶつけたくてこのようなことを言っているわけではありません。

表面的なことばかりに目を向けるのではなく、もっと内面を重視して「粋」なことを好む若者になってほしい。そんな期待を込めたメッセージだと捉えてもらえたらと思います。

では、「粋」なことを好む若者にはどうすればなれるのか？

ひとつ参考になることがあります。私は、歌舞伎のような生身の人間が演じている姿に、「美しさ」を感じるということを日頃からまわりの人たちに話しています。

このことを脳科学的に説明しましょう。

私たちは普段、五感で捉えた情報を脳で感覚として認知します。

その感覚が積み重なって個人の好みや思想が創られていく。たとえば劇場や舞台という特別な場所で演目を観ることで、美しいと感じる気持ちに気づき、それを繰り返すことでやがては「粋」を捉えることができる美意識も磨かれていくということです。

私は「大」がつくほどの歌舞伎好きなのですが、昨年末も市川海老蔵改め、市川團十郎さんの襲名披露公演を観てきました。

海老蔵さんの「市川團十郎白猿《はくえん》」襲名演目で、成田屋の「歌舞伎十八番」のひとつである『助六由縁江戸桜《すけろくゆかりのえどざくら》』はとても印象的でした。

『助六由縁江戸桜』は、華やかな江戸時代の遊郭吉原を舞台に、当時の人たちの美意識を随所に感じられる市川家最高のお家芸であり、貴重な演目です。

江戸で評判の美男子「助六」は女性にモテモテ。一見チャラチャラしているようでいて、実は仇討ちとお家の再興という大望を心に抱いています。

吉原で豪遊する意休《いきゅう》という老人が源氏の宝刀を持っていることを聞きだしてからは、ところ構わずやたら人に喧嘩をふっかけるのですが、その目的は相手に刀を抜かせること。仇討ちとお家再興のために宝刀を探し求めるという物語です。

表向きは軟派に見えるけど、実は芯をしっかり持っている。遊び人風の外面とは裏腹に心の中には野望を秘めていることが「粋」、つまり「かっこいい」というのが江戸時代の美意識だったわけです。

話は戻りますが、團十郎さんの『助六由縁江戸桜』の舞台から伝わってくる江戸時代の美に対する意識は、現代の日本人である私が見てもまぶしいほどに新鮮でした。

私たちの美に対する意識は、ひょっとしたら凝り固まってしまっているのかもしれません。歌舞伎の舞台に接するたびにそんなふうに思います。

脳を柔軟にして新しい発想を生みだすためにも、ときどきは歌舞伎をはじめとする日本の伝統芸能を観に、劇場に足を運ぶことを私はおすすめしたいのです。

歌舞伎の世界には、現代の私たちが前提にしている価値観や、ものの枠組みを超えた何ともいえない自由な空気があります。

その一方で、歌舞伎を観ていると荒唐無稽に感じる部分もたくさんあります。

それらむちゃくちゃなところを含めてすべて受け入れて観ることで、脳が柔軟になって発想も自由になっていくのだと思います。

歌舞伎を観て過去の美に対する意識に触れることで、現代社会を生きるうえでの美意識も醸成されていくのではないでしょうか。

運気アップ
表向きは軟派に見えるけど、実は芯をしっかり持っているという生き方をしてみる

SSION

SSION

COMPA

行動習慣 10

気遣う COMPASSION

COMPA

他者とわかり合うために本当の教養を磨く

「茂木くん、教養とはね、他人の心がわかるということなんだよ」

以前、養老孟司先生がそうおっしゃっていたことを今でも時おり思い出します。

それは何も情緒的な理想論ではなく、私がこれまで長年研究してきた脳科学からも合理的な事実だからです。

いつの時代も、対人関係は生きていくうえでもっとも重要といえるテーマです。

仮にあなたが「他人のことなんか気にしない。自分は自分だし」と思っていても、他者は必ずどこかであなたの人生に介入し、たとえあなたが望まずともあなたの思考や行動、そして人生に何かしらの影響を及ぼすものです。

心理学者として世界中で知られるアルフレッド・アドラーは、「すべての悩みは対人関係の悩みである」と説きましたが、人間関係についてまず前提として理解しておきたいのが「さまざまな人がいて、それぞれの価値感を持っている」ということです。

脳科学者としての私は、いつもこんなことを思っています。

「なかなか他者とは、わかり合うことはできないんだよな……」

冷静に考えてみれば、これは脳科学以前に人間として当たり前に感じていることのように思えます。わかりやすい例でいえば、男性が女性のことを完全に理解するのは難しいですし、またその逆もしかりです。お金持ちは貧乏人の気持ちを理解できなかったり、健康な人は病人の気持ちなんて厳密にはわからないわけです。

だからこそ、私たち人間には気遣いが必要なのですが、意外にもそのような認識で生きている人は少ないように思えてなりません。

「あの人とはきっとわかり合える」というように考えてか、「コミュ力さえあれば!」と必死に対人スキルを磨こうとする風潮があるのもたしかです。

ただし、多様な価値観を持つことが当たり前となった現代社会で、「話せばきっとわかってもらえる」という考え方はある意味では危険なことなのかもしれません。

他者とはわかり合えないことを前提としたうえで、いかに周囲とうまく折り合いをつけて生きていくのか。それは一生避けては通れない課題だといえます。

そこで、脳科学者としてのアドバイスがあります。

他者と完全にわかり合うのは不可能であっても、私たちの脳には元来、相手に共感しようとする機能が備わっています。

これには、神経細胞の「ミラー・ニューロン」が深く関わっています。

ミラー・ニューロンとは、その名の通り「まるで鏡で見たように他者の感情や行動を自分が感じたり行動したかのように脳内で反応する」神経細胞のことです。

たとえば、目の前の相手が悲しんでいれば、なぜか自分も悲しい気持ちになる。相手の行動を脳内で「模倣」することで自分のこととして理解し、「相手がどう感じているか」を推測しようとするのです。

ミラー・ニューロンのこうした機能を生かし、他者の感情を汲み取ることが人生をよりよく生きる秘訣だといえるでしょう。

ただし、それを知っただけで相手とわかり合えるほど世の中は甘くありません。

相手の感情というのは、見えないばかりかわかりにくいからです。

ミラー・ニューロンの機能を生かし、他者の感情を汲み取る訓練をしてみる

そこで必要になってくるものとは何か？

私は、それこそが養老先生がおっしゃる「教養」を磨くということだと思うのです。

相手の感情を推し量るためには、自分が過去に学んだこと、体験したこと、それらすべての知識や経験を動員して考え抜く訓練が必要なのです。

これには抽象的で類推的な思考訓練をすることが求められるわけですが、そのためには教養を身につけるのがもっとも手っ取り早いといえます。

これが、脳科学者として私が出した結論です。

なお、ここでいう教養とは学力テストなどの点数で測れるものとは違います。

広い意味で社会を生き抜くために学びを深めていくことが、人の気持ちを思いやり、他者を気遣える行為につながるのです。

自分の意見を持ち日頃から意識して表明する

『囚人のジレンマ』という話をご存じですか。

あるふたり組の男たちが逮捕されます。ふたりの男たちは別々の取調室に通され、事情聴取されることになりました。

いつまで経っても白状せずに黙秘を続けていると、しびれを切らした刑事がふたりに次のような話を持ち掛けるのです。

「おい！　いい加減に白状したらどうだ。このまま黙っているのもいいが、自白したほうが身のためだぞ。黙秘したまま刑が決まれば懲役3年になるが、自白してもうひとりの犯行も証言してくれれば減刑して懲役1年で済ませてやる。ただし、もしあっちが自白しておまえが黙ったままなら、おまえの刑は重くなって懲役15年になる。まあ、ふたりとも自白した場合は両方とも懲役10年だがな」

簡単にいえば、相手を裏切れば軽い刑で済み、相手も裏切ると共倒れで、もし相手に裏切られれば、もっとも重い刑が科されるということ。これは人間心理の本質を突いた、巧みな取引だということです。

このようにお互いが意思疎通できない状況で、相手に協力するか、裏切るかの選択を迫られている相互依存関係をシミュレーションする、ひとつのわかりやすい考え方が、ゲーム理論の『囚人のジレンマ』というものです。

では、あなたはこれと似たような状況に陥ったとき、果たしてどのような行動をとる傾向にあるでしょうか。それによって運を引き寄せられるかどうかの分かれ道になることがあります。

たとえ自分が犠牲になっても相手を気遣って黙秘するのか。あるいは相手を裏切るのか。ビジネスや日常生活において、自分と他者の関係を考えるうえでこうした状況は十分にあり得る話です。

囚人のジレンマを前提にして、「自分は相手を気遣う」という戦略を選んだあなたは、運を引き寄せられるでしょうか。

実はこれ、ちょっとした心理テストでもあるのです。

私たちの脳は本来、他者からどう思われるかを過剰に気にする傾向があります。

それはつまり、自分の考えより他人がどう考えているかを優先して生きているということです。

一見すれば、相手を気遣う考え方をしていれば他人から感謝され、ありがたいと思ってもらえるので、何となく運を引き寄せられるような気がします。

しかし、実際はそれほど都合よくいかないものです。

一方で、たいていの人は自分の意見がそもそもなかったり、わからなかったりすることが多いのではないでしょうか。これが意味するところは、普段から自分の意見をしっかりと表明する習慣が身についていないということです。

たとえば、こんなことってありませんか？

職場のみんなでお昼ごはんを食べに行ったとき、本当は自分が食べたいものがあるのに、「なんであの人だけ違うもの頼んでるんだろう」と思われたくないから、ついついみんなと同じものを頼んでしまって後悔したというようなことです。

これは自分のことよりも、他人がどう考えているかを偏重していることに他なりません。これでは、運が逃げていくのではないでしょうか。

そこで小さな一歩として、普段から「自分の意見を表明する習慣」を身につける訓練をしてみてください。

「これが食べたい！」とまわりを気にせずにメニューを決めてみる。却下されてしまうかもしれないけど、会議で勇気を出して自分の意見を述べてみる。

こんなふうに日々小さな「自己表明」を積み重ねていくことで、脳が意志を示すことへの耐性がついていくものです。

他者に対する気遣いは大切ですが、それは自分の意見をしっかりと持っていることが前提となります。そうでないと、結果的に損したり、運に逃げられてしまうことになります。

運気アップ 日頃から自分の意見を言える習慣を身につける

面倒であっても人の誘いは断らない

「人付き合いは面倒くさい」

そんなふうに思っている人が多いのではないでしょうか。

特に近年は、コロナ禍によってリモートや巣ごもり生活が一般化したため、意識していないと人付き合いの機会はどんどん減っていきます。

しかし、それではいけません。脳科学的にいって、人と関わりがある生活を送ることは極めて大切なことだからです。いつまでも若々しい脳を手に入れ、人生を謳歌《おうか》するためにも、人付き合いには重要な意味があるのです。

一方で、人付き合いを面倒に思うのには、実は「意欲の低下」が関係しています。

意欲の低下には、さまざまな要因が複雑に絡み合っていることが多いのですが、脳科学的にいえることは、意欲や好奇心などを司る前頭葉の認知機能が低下していることが原因になり、それによって気分が落ち込み、人と会うことが億劫に感じてしまっていることが多いようです。

逆にいえば、適度な人付き合いは前頭葉を活性化し、意欲の向上にもつながるということです。

そこで私が提案したいのが、「どんな誘いもなるべく断らないで積極的に参加してみる」ということです。

私のまわりにいる強運の持ち主たちは、とにかくフットワークが軽い。誘われたときの返事が早くて、「わかりました！　行きます！」という人がほとんどです。

私もどんなに忙しくても、人の誘いはなるべく断らないように心がけています。

先日も、出版社の取材や地方での講演会、学会の資料の読み込み、ラジオの収録など立て続けに仕事が続いてヘトヘトだったところに、友人から急に「長野にある車山《くるまやま》神社に行かない？」と誘われました。

本音をいうとゆっくり休みたかったのですが、「おう！　行くよ！」とその誘いに乗りました。実はこれ、大正解でした。

車山神社は、日本百名山に数えられる霧ヶ峰の最高峰、車山の頂上にある神社で、天上の世界にいるような神秘的な気に満たされています。その気に触れたおかげで癒やされ、疲れが一気に吹っ飛びました。

また、中には「パーティーは嫌い」という人もいますが、私はなるべくそのような多くの人が集まる場所にも顔を出すよう心がけています。

それはなぜか。積極的な行動は脳を活性化するうえで理にかなっているからです。いつものルーティーンの生活だけでは、外部からの刺激が少ないために思考が閉鎖的な状態になり、脳が退屈を感じてしまう。それでは意欲が低下します。

そんな退屈から抜け出すために自ら刺激を求めて、できるだけさまざまな集まりに参加するというわけです。

もちろん、さまざまな人たちとの交流から生まれるメリットもあります。

普段、接点がない人の話を聞けたり、知らなかった情報を仕入れる機会にも遭遇できる。そこから、新たなビジネスチャンスの機会が得られるなど、実際の仕事にも大いに役立っています。

ただし、すべての誘いに乗るのは難しいというのもわかります。

まずはムリのない範囲で、人付き合いができる機会を増やしてみてください。

きっかけとしては、「仲のいい友人からバーベキューに誘われた。行ってみようか」といった軽い気持ちではじめてみるのもいいでしょう。

そのとき、同じ悩みを共有したり、不安を理解してくれたりするような人に出会えれば、それはチャンスです。人に不安や悩みを口にすることで気持ちが前向きになり、「ひとりではない」という心強さは精神的な安定剤になるからです。

気持ちが前向きになれば、もっと会話を楽しみたい、同じ目的を持つ人と時間を過ごしたいと、人付き合いの機会が増えていくはずです。

脳とカラダをどんどん動かす、そうしたフットワークの軽さこそ、運を引き寄せる原動力になるのです。

運気アップ
退屈から抜け出すために刺激を求め、できるだけさまざまな集まりに参加する

毛づくろいのポートフォリオで他人を理解する

できることなら気の合う人ばかりと付き合いたいものですが、自分と気の合わない人とも何とかして付き合っていかなければならないこともあるでしょう。

職場の同僚や取引先、学校のクラスメイトや近所の人、あるいは子どもの同級生の親など……。たまたまそのとき偶然に巡り合った人と、時間を過ごさなければならないこともあると思います。

「茂木さん、相手を気遣いながら上手な人付き合いをする秘訣ってありますか？」

このようなことをよく尋ねられます。そんなとき、私はよく「毛づくろいのポートフォリオ」の話をさせていただきます。

イギリスの人類学者ロビン・ダンバー教授は、「ダンバー数の定式化」という興味深い研究をしました。どんな研究かというと、サルの脳の大きさと、毛づくろいをする仲間の数がきれいに比例しているというものです。

サルがお互いに毛づくろいをするという行為は、単に体毛の中の虫を捕り合うことを超えて、仲間との絆を深めるために重要な行為とされています。

そして人間にとっても、そのような「毛づくろいに代わる行為」が必要なのだとダンバー教授は説いています。

では、人間にとっての毛づくろいとはいったい何なのか？

コミュニケーションです。相手を気遣いながら上手な人付き合いをする。

それが人間にとっての毛づくろいです。

ダンバー教授の研究結果によると、人間はおよそ１５０人と毛づくろいができる脳の容量を持っているそうです。つまり、私たちは１５０人と良好なコミュニケーションが築けるということでもあります。

ダンバー教授の研究結果を私なりに解釈し、運を引き寄せるためにあなたにお伝えしたいのは、この１５０人を「自分の気の合う人」だけで固めないほうがいいということです。

たとえば職場において、自分の好きな上司や仲間たちばかりで毛づくろいをしていたとすれば、良好な人間関係を築くうえで最適とはいえないでしょう。

むしろリスクが高いといえます。

組織の中では全方位外交で関係するほうが、結局のところ有益な情報をもらえたり、困っているときに助けてくれる人がどこからか現れたりするものです。

自分と気が合う人だけとの関係では、偏った情報ばかりで生きていくことになりますし、多方面から有益な情報を得られることも、助けてもらうことも期待できないでしょう。

特定の好みにもとづく関係の中で生きることは、短期的にはラクなように思えますが、長期的には危険を伴うものなのです。

だからこそ、日頃から自分とは考え方や行動範囲が異なる人たちと触れあう機会をつくっておくことが、大切なのです。

自分と気が合わなくても、それぞれ異なった世界に生きる人たちが自分の経験を持ち寄って独自の価値観を養っていく。脳科学でいう「毛づくろいのポートフォリオ」

運気アップ

日頃から自分とは考え方や行動範囲が異なる人たちと触れあう機会をつくる

をしておくことで、いろいろな気づきや発見が起こります。

凝り固まった価値観に振り回されることがなくなるのです。

むしろ世の中には、たくさんの価値観に気づいて、それを受け入れられる懐の広い人がいるということに目を向けましょう。

そんな人が運を引き寄せているのではないでしょうか。

そのためには、人間観察に挑戦してみてください。

運を引き寄せている人たちに共通すること、それは人間観察です。

気が合う合うとか、合わないとか、感じ方はさまざまでしょうが、まずは人間観察を通じて人が反応するサンプルを集めてみてはどうでしょうか。

気遣いというのは、相手の心のうちをわかったうえでないと機能しないものです。

目の前の課題を「相手の感動」に翻訳する

子どもの頃のことを思い出してください。

先生や親に「勉強しなさい」と言われて、イヤイヤ勉強していませんでしたか。

多くの人がこのような原体験を持っていると思いますが、私の場合は違いました。

良くも悪くも、目の前の課題について、どうしたらおもしろがってやれるか、誰かを喜ばせることができるか、と考えて取り組んでいたような気がします。勉強もそうでした。

たとえば、漢字をひたすら書き続ける宿題を出されても退屈だとは考えず、「自分の将来のために意味がある。しかも、漢字テストで１００点を取ることができたら、先生も親もきっと喜んでくれるだろう」と想像して取り組んでいました。するとと驚いたことに、単調な宿題でもまったく苦にならなくなったのです。

一方で、先生や親に「勉強しなさい」としつこく言われて勉強が嫌いになっていく友人もいました。彼らは、勉強はやらされるものだという固定観念に縛られていたので、自分自身で勉強する意味を見出すことができず、結果として勉強嫌いになったのでしょう。勉強に限らず仕事もそうです。

目の前にある課題を解釈し直して相手の喜びに変える、つまり行動の意味を翻訳することができれば、脳は「これは自分には意味のある課題だ」と捉えます。

そのとき脳は本気モードに突入するのです。

こうした意味の翻訳作業によって、どんな仕事でも意欲を持って取り組むことができるようになり、結果として最高のパフォーマンスを発揮でき、相手を感動させることができるというわけです。

行動の意味を翻訳している好例を紹介しましょう。

ホテルに泊まると、洋服をクリーニングしてくれる「ランドリーサービス」がありますが、このサービスを最初に始めたのは帝国ホテルです。

帝国ホテルのランドリーサービスは1911年にスタートしました。実に100年以上前から続いているのですが、同ホテルのランドリーサービスはそのクオリティの高さから「新品よりも新しい」などといわれ、日本を訪れる海外のＶＩＰやセレブたちにも人気を博しています。

有名なエピソードとして、人気俳優のキアヌ・リーブスは日本を訪れると必ず帝国ホテルに宿泊して、ランドリーサービスを利用しているそうです。

しかも、自身が出演した映画『ＪＭ』の中で、キアヌがアドリブで言ったセリフに「洗濯を頼みたい。東京の帝国ホテルでしてくれるような……」というものがあるほどの惚れ込みようです。

帝国ホテルのランドリーサービスは、なぜこんなにも人を感動させられるのか？

それは、ランドリーサービスで働くスタッフ一人ひとりが、自分の課題を相手の感動に翻訳して仕事をしているからです。

スタッフたちは「汚れをとる」という自身の課題を、「お客様に感動を与えたい」というように働く意味を変換しているのです。

本館地下にあるランドリー室では、毎日2000点以上の衣類が洗濯されているそうですが、スタッフはまず汚れなどを徹底的にチェックして、きれいに汚れを落とします。

さらに、洗濯中にボタンがとれそうな場合は、あらかじめ服のボタンを外してからクリーニングします。また、最初からボタンがとれていた場合には、常備している200種類以上のボタンの中から似たものを探して、アイロンがけが終わった後に縫い付けます。まさに伝説のサービスです。

仕方なくこなす仕事と感動を与える仕事、どちらが運を引き寄せるかはいうまでもないでしょう。私たちは心遣いひとつで、そのどちらかを選ぶことができるのです。

目の前の課題に対して自律的な努力を積み重ねていけば、いつの間にか運が近寄ってくるのではないでしょうか。

運気アップ

目の前にある課題を解釈し直して、相手に喜んでもらえるように努力してみる

参考文献

『成功している人は、なぜ神社に行くのか?』(サンマーク出版)
『脳を活かす勉強法 奇跡の「強化学習」』(PHP 研究所)
『いつもパフォーマンスが高い人の 脳を自在に操る習慣』(日本実業出版社)
『結果を出せる人になる!「すぐやる脳」のつくり方』(学研プラス)
『成功脳と失敗脳』(総合法令出版)
『脳は若返る』(リベラル新書)
『脳リミットのはずし方』(河出書房新社)
『置かれた場所で咲きなさい』(幻冬舎)
『脳を使った休息術』(総合法令出版)
『イーロン・マスクとは何者か』(リベラル社)
『「本当の頭のよさ」を磨く脳の使い方』(日本実業出版社)
『バカは最強の法則』(小学館)
『本当にかしこい脳の育て方』(日本実業出版社)
『意思決定が9割よくなる 無意識の鍛え方』(KADOKAWA)
『「いい人」をやめる脳の習慣』(学研プラス)

【著者紹介】

茂木健一郎（もぎ・けんいちろう）

◉――1962年、東京生まれ。東京大学理学部、法学部卒業後、東京大学大学院理学系研究科物理学専攻課程修了。理学博士。脳科学者。理化学研究所、ケンブリッジ大学を経て、現職はソニーコンピュータサイエンス研究所シニアリサーチャー。東京大学大学院客員教授。専門は脳科学、認知科学。「クオリア」（感覚の持つ質感）をキーワードとして脳と心の関係を研究する傍ら、文芸評論、美術評論にも取り組む。2005年、『脳と仮想』（新潮社）で第４回小林秀雄賞を受賞。2009年、『今、ここからすべての場所へ』（筑摩書房）で第12回桑原武夫学芸賞を受賞。著書は『脳とクオリア』（講談社学術文庫）、『「本当の頭のよさ」を磨く脳の使い方』（日本実業出版社）、『脳は若返る』（リベラル社）など多数。

強運脳《きょううんのう》

2023年７月18日　　第１刷発行
2023年９月８日　　第２刷発行

著　者――茂木健一郎
発行者――齊藤　龍男
発行所――株式会社かんき出版
東京都千代田区麴町4-1-4 西脇ビル　〒102-0083
電話　営業部：03(3262)8011㈹　編集部：03(3262)8012㈹
FAX　03(3234)4421　　振替　00100-2-62304
https://kanki-pub.co.jp/

印刷所――図書印刷株式会社

 ISBN978-4-7612-7682-9 C0030